내가 글을 쓰는 이유

평범한 이웃의 글 쓰는 삶 공유

내가 글을 쓰는 이유

초판 1쇄 발행 | 2023년 8월 30일

지은이 | 정유리, 이경희, 김경부, 고윤아, 김상진, 나애정
펴낸이 | 김지연
펴낸곳 | 생각의빛

주 소 | 경기도 파주시 한빛로 70 515-501
출판등록 | 2018년 8월 6일 제 406-2018-000094호

ISBN | 979-11-6814-052-3 (03190)

원고 투고 | sangkac@nate.com

* 값 14,500원

* 생각의빛은 삶의 감동을 이끌어내는 진솔한 책을 발간하고 있
습니다. 참신한 원고가 준비되셨다면 망설이지 마시고 연락주세
요.

내가 글을 쓰는 이유

정유리 · 이경희 · 김경부 · 고윤아 · 김상진 · 나애정 지음

생각의빛

제1장
애쓰지 말고 글 쓰자

정유리

묵히면 화병, 풀어내면 글쟁이

누구나 크고 작은 상처들을 지니며 살아간다. 살갗에 난 상처는 며칠이 지나면 새 살이 돋아나 없어지거나 흉터로 남는다. 7년 전, 아이를 낳으면서 흉터가 생겼다. 아랫배에 벌겋고 길게 늘어선 붉은 수술 자국은 마치 지렁이 같았다. 흉측해서 씻을 때마다 보지 않으려고 했다. 하지만 못 본 척한다고 보이지 않는 것도 아니었다. 싫어도 비누칠할 때마다 마주해야 했다. 지금도 흉터는 사라지지 않았다. 이전과 달라진 점이 있다면 울퉁불퉁 지렁이같던 살갗이 매끈해졌고, 흉측하게 여긴 흉터를 당당하게 훈장이라고 말할 수 있게 되었다. 출산의 고통을 이겨내고 아이와 엄마만의 연결고리인 특별한 징표라는 의미를 덧붙이면서 말이다.

마음에 난 상처가 회복되는 데 걸리는 시간은 얼마나 될까? 개인마다 다르겠지만, 살갗에 난 상처보다는 더 오랜 시간이 걸릴 것이라 확신한다. 한 달이 지나면 괜찮아질지, 1년, 10년, 아니면 아물지 못하고 죽기 전까지 한(恨)으로 남게 될지 모를 일이다. 살갗의 상처가 아물기를 기다리듯이 '시간이 지나면 괜찮아지겠지.' 하며 잊은 것처럼 여느 때와 같은 일상을 보내며 흐릿해지기를 기다리고 있을 뿐이다. 쉽게 잊히는 일들이 있는가 하면 오랜 시간이 지나도 잊히지 않은 일들이 있기 때문이다. 상처를 마주 하고 싶지 않아서 회피하며 모른 척하고 있을 뿐이다. 그렇게 잊힌 듯 지내다가도 어쩌다 한 번씩 스위치가 켜질 때가 있다. 마치 시간이 멈춰 지난 날의 감정 회오리 속으로 가라 앉는다. 상처가 흐릿해질 즈음에야 객관적으로 바라볼 수 있는 관찰자가 되어 지난 일을 웃으며 회상한다.

"최근에 스트레스받은 일 있으세요?" 한의사는 내 손목을 잡고 맥을 짚으며 물었다. 얼굴을 들여다보며 눈동자와 혀 상태를 확인했다. 타고난 기(氣)는 약하지 않지만 예민하고 긴장된 상태라고 했다. 가슴 중앙이 막혀있어서 답답함과 통증을 느꼈을 것이라고. 약을 한 첩 처방해 줄 테니 복용하고 나면 두근거리거나 묵직한 증상이 호전되어 잠도 잘 잘 수 있다고 했다. '약을 먹는다고 정말 괜찮아질까?' 나의 불안한 눈빛을 읽었는지, 한의사는 나의 체질과 성향, 고질병에 대해서도 세세하게 덧붙여 설명해 주었다. 길고 긴 부연 설명을 끝으로 '화병'이라는 진단명을 받았다. 일명 '화병'은 한의학적 의미로는 억울한 마음을 삭이지 못하여 간의 생리 기능에 장애가 와서 머리와 옆구리가 아프고 가슴이 답답하면서 잠을 잘 자지 못하는 병을 뜻한다. 불안증, 우울증, 신체 화증 등 복합적으로 나타나는 질환으로 속병, 울화병이라고도 불린다. 특히 화병은 억울한 감정이 억압된 분노라고 한다. 남들에게 욕을 먹을지언정, 자신의 감정을 얼굴에 다 드러내며 할 말 안 할 말 다 하고 사는 사람들은 화병이 없는 반면, 내향적인 성향이거나 감정을 숨기는 사람들에게서 흔히 나타나는 질병이라고 한다.

누구에게도 속마음을 말하지 못하고 견디며 지냈다. 잊을만하면 예기치 않은 사건이 터졌다. 신은 믿지 않지만, 기도라도 해야 하나 싶을 정도로 나에게 왜 이런 시련을 주는 것인지 원망스러웠다. 고통, 배신, 슬픔, 분노, 억울함의 부정적인 감정들은 마음에 불행이라는 싹을 피웠다. 후회와 원망, 자책하는 날들을 보내며 매일 밤 울분을 삼켰다. 잠을 자려고 누우면 커다란 돌덩이가 가슴을 짓누르고 있는 듯했다. 한참을 이리저리 자세를 바꿔가며 눈을 감고 잠을 청하지만, 쉽게 잠들지 못했다. 겨우 잠이 들었다 하면 악몽에 시달려 잠에서 깨어났다. 제때 감정을 분출하지 못하고 감추기만 하자 내 몸은 '화병'의 흔적을 남겼다. 마음속에서 곪아 터진 감정과 원활하게 흐르지 못한 에너지로 인해 몸이 이상 반응을 일으킨 것이다.

어느 날, 불안한 눈빛으로 엄마를 바라보는 아이를 보는 순간 정신이

번쩍 들었다. 꽃길이 아닌 가시밭길일지라도 앞으로 밟고 나아가야 할 길이었다. 상황을 바꿀 수 없다면 있는 그대로 받아들이고 나를 변화시키기로 했다. 나를 감추고 사는 대신, 세상 밖으로 나와 미래를 바꿀 수 있는 일에 집중하면서 살기로 결심했다.

　사람들은 SNS에 일상과 정보를 공유한다. 개인의 생각과 감정을 사진과 영상, 짧은 글을 통해 자유롭게 소통한다. 새로운 관계를 맺고 놀이와 즐거움의 공간을 넘어 삶의 '희로애락'을 기록하는 공간이기도 하다. 우리 주변 사람들의 다양한 일상과 이야기가 담겨있다. 타인의 이야기를 보며 정보를 얻기도 하고, 마음을 얻기도 한다. 나와 비슷한 상황과 감추고 싶은 일들을 겪으면서도 긍정적으로 삶을 재해석하고 가치 있게 사는 사람들의 이야기는 힘이 되고 동기부여가 된다.

　책을 읽게 된 이유에 대해 SNS에 짧은 글 한 편을 올린 적이 있었다. 지난날의 아픔을 딛고 책을 읽으며 성장하고 재탄생되길 바라는 소망을 담았다. 담담하게 써 내려간 일기형식의 글이었다. 누가 나의 평범한 이야기에 관심을 가질까 싶었다. 하지만 일면식도 없는 많은 사람들이 응원의 댓글을 남겨주었다. 평범한 나의 이야기가 그들에게는 '나만 그런 게 아니구나.' 공감하면서 글쓴이를 위로하는 동시에 자신을 돌아보는 이야기가 되었다. 그날 이후, 마음의 온기를 전하는 글을 쓰는 사람이 되고 싶다는 꿈을 품었다.

꼭꼭 감춰두었던 감정을 표면 밖으로 꺼내 본다. 아이가 잠이 들면 몸을 일으켜 쓰기 시작했다. 첫날에는 일과를 보고하는 듯이 적어 내려갔다. 오늘 하루 있었던 일, 기억하고 싶은 일, 속상했던 일등 형식에 상관없이 의식의 흐름대로 적었다. 때로는 세줄 밖에 되지 않는 소소한 감정이었음을 깨달을 때가 있고, A4용지 1장을 빼곡히 채우며 억울함을 녹이며 어루만져 줘야 하는 감정을 만나게 되는 때도 있다. 어느 날에는 욕을 적기도 하고, 눈물을 펑펑 쏟을 만큼 감정을 흘려보냈다. 누군가에게 보여 줄 것들이 아니기에 최대한 솔직하게 적으려 했다. 불만이 가득한 감정들을 다 적고 난 후 갈기갈기 찢어 버렸다. 그렇게 감정 찌꺼기들이 적힌 종이는 실제로 쓰레기통에 던져버렸다. 후련했다. 주기적으로 부정적인 감정들의 싹을 잘라내는 작업을 했다. 뾰족한 가시밭 같던 마음 밭에 변화가 생겼다. 마음의 상처는 딱지가 생기고 새 살이 돋았다.

묵히면 고질적인 화병이 되지만, 풀어내면 글을 쓰는 글쟁이가 된다. 억압된 감정은 나를 나약하게 만든다. 묵혀둔 감정은 김치와 된장, 고추장처럼 건강한 발효음식이 되는 것이 아니라 독소가 되어 나를 병들게 할 뿐이다. 가시밭길에서 멈춰 서있었다면 글을 쓰는 사람이 되고 싶다는 꿈을 꾸지 못했을 것이다. 감춰두었던 억압된 감정을 밖으로 꺼내 상처의 흔적을 바라볼 용기만 있다면 누구나 글쟁이가 될 수 있다. 감정은 빨리 털어낼수록 일상으로 돌아올 수 있다. 감정을 드러내지 않고 꼭꼭 숨겨두고 있다면, 한 줄이라도 써보길 바란다. 노트북이나 휴대폰도 괜찮다. 언제 어디서든 편안한 장소에서 꺼내 쓸 수 있다면 좋다. 어디서부터 꺼내야 할지 막막하다면 오늘부터 시작해보자. 하루를 보내면서 나의 감정은 어땠는지, 표현하지 못하고 감추고 억울했던 일들은 없었는지 살펴본다. 한 줄 이든, 열 줄 이든 적고 싶은 대로 적는다. 누군가에게 보여줄 글들이 아니기에 솔직하게 적는 것이 중요하다. 쓰기 전에는 할 말이 없을 것 같지만 쓰다 보면 감정에 북받쳐서 쓰고 있는 자신의 모습을 발견하게 될 것이다. 이제 당신 차례다. 당신이 묵혀둔 감정들을 풀어내 한 편의 글을 완성하여 나를 돌아보고 치유하는 글쟁이가 되기를 바란다.

애쓰지 말고 글 쓰자

'슈퍼우먼'이 되었다. 주변에서는 전업주부에서 일하는 워킹맘이 된 걸 축하했다. 일하기 시작하면서 일과가 달라졌다. 이전에는 아이의 일정에 따라 내 시간을 맞췄다면, 지금은 나와 아이의 시간을 조율해야 한다. 아이는 엄마의 출근 시간에 맞춰 한 시간 일찍 등원하게 되었다. 아침마다 잠이 덜 깬 아이의 짜증을 받아내며 출근과 등원 준비를 한다. 일주일 세 번, 개별 하원을 하여 방과 후 수업을 들으러 간다. 수업을 끝내고 돌아오는 버스 안에서 아이는 꾸벅꾸벅 졸다 잠이 든다. 주위에서는 일과 육아, 자기 계발까지 척척 해내는 나를 보고 엄지를 치켜세우며 대단하다고 했다. "힘들지 않아요?"라고 물을 때면 "괜찮아요. 할 만해요."라고 말했다.

예전부터 입버릇처럼 하는 말이다. "잘 지내? 별일 없어?"라고 물으면 "잘 지내, 괜찮아."라고 대답했다. 학창 시절 영어 시간에 배운 회화 문장이 떠오른다. "How are you?", "I'm Fine Thank you. and you?"라고 암기한 대로 말하듯이. 실제로 느끼는 기분과는 상관없이 형식적으로 괜찮다고 말한다. 괜찮지 않지만 어떻게 말해야 할지 몰라서 괜찮다 하며 넘어간다. 사실은 괜찮은 날보다 그렇지 않은 날이 많다. 구구절절 설명하기도 귀찮을 만큼 괴로운 날을 보낼 때도 있고, 힘든 나를 봐달라고 어린아이처럼 보채고 안기고 싶은 날들도 있다. 하지만 어른이 되면서 진실은 숨기게 되고 처세술만 늘어 간다. 속마음과는 달리 담담한 척, 밝은 척, 별일 없는 척, 씩씩한 척, 태연한 척, 아무렇지 않은 척, 그렇게 척척척 하며 살아간다. 그들이 모르는 속내를 완벽하게 숨기며 애쓰고 살아가는 중이다. 종종 "너는 알아서 잘하니까 걱정 안 해도 되겠어.", "고생한 사람들은 표정에서 드러나던데, 너는 고생 하나도 안 하고 사는 것처럼 편안해 보여."라는 말을 듣는다. 알아서도 잘하는 장녀, 막중한 책임감으로 육아에 전념하는 엄마, 이해와 배려의 동반자로 살아가는 아내, 늘 한결같은 모습을 유지하는 친구 등의 완벽한 가면을 쓴 채 살아가는 나를 발견한다.

'애쓴다'는 사전적 의미로 마음과 힘을 다하여 무엇을 이루려고 힘쓰는 것을 말한다. 나는 무엇을 위해 마음과 힘을 다해 사는 걸까? 답답한 마음에 넋두리하면 주위에서는 "원래 다들 그렇게 살아, 이상적인 결혼 생활은 드라마 속 얘기지, 어느 예능프로그램에서 보이는 건 극히 일부야."라고 말한다. 마치 수학 공식처럼 '엄마는 희생'이라는 전제로 답을 내는 것 같았다. 어떠한 문제도 마찬가지였다. 살면서 부딪히는 대상들도 이와 같은 틀에 대입하면 정답은 하나같이 똑같았다. '원래 당연한 것'이었다. 당연한 것에 최선을 다하는 것이 잘사는 것이라는 결론을 내리게 된다. 그렇게 살아왔다. 당연함에 수긍하며 맞춰 살았다.

어렸을 적 바라본 부모님은 이솝우화 《개미와 베짱이》의 개미의 삶 같았다. 미래를 위해 계획적으로 살아가는 도덕적 교훈을 주는 이야기처럼 부모님의 삶이 그러했다. 다만, 자신보다는 자식을 위해 열심히 일하느라 정작 본인들을 위한 시간은 없었다. 베짱이처럼 여유로운 시간을 가지지 못하셨다. 부모님은 자신에게 시간과 돈을 쓰는 것을 아끼셨다. 부모님의 품에서 장성한 자식을 떠나보낸 후 남은 생은 여유를 즐기면서 살기를 바랐다. 마땅히 그래야 했다. 하지만 5년 전, 아버지는 폐암 초기 진단을 받으셨다. 우직하게 온 힘을 다해 자식을 위해 애쓰며 살아온 삶의 대가라고 하기에는 절망적이었다. 그 당시 아버지는 어떤 심정이셨을까? 나였다면 두렵고 억울했을 것 같다. 아버지는 복잡한 심정에도 수술실 들어가기 전까지 자식이 걱정할까 아무런 말도 하지 않으셨다. 어머니의 연락을 받지 않았다면 수술을 끝내고 정상적으로 회복이 되고 나서야 별일 아닌 듯 소식을 전하셨을 것이다. 자식이 걱정할까봐 두려움과 불안함, 힘들다, 아프다는 내색을 하지 않으셨다. 그것이 당연히 부모의 도리라 여겼으리라. 부모가 되어보니 '희생'할 수밖에 없는 전제에 대한 답을 찾아간다. 나를 돌볼 수 있는 시간이 없고, 여유가 생겨도 어떻게 나를 돌봐야 하는지 방법을 모르기 때문이다.

저녁 10시, 나를 쓰는 시간이다. 모든 가면을 벗고 민낯으로 돌아온다. 아이를 재우면서 같이 잠이 들 때도 있지만, 졸린 눈과 묵직한 몸을 이끌고 일어나 책상 앞에 앉는다. 밝은 불빛보다는 불이 꺼진 방안에 간접 조명만 켜둔다. 모두 잠든 고요한 시간이면 좋다. 노트북 전원을 켜고, 수첩 하나, 사각거리는 느낌이 좋은 펜 하나, 읽고 싶은 책 한 권을 꺼내놓는다. 물 한 잔을 따라와 오른쪽 끝에 놓아둔다. 노트북으로 잔잔한 클래식을 아주 작게 틀어놓는다. 눈을 감고 생각한다. 오늘 하루에 대해, 머릿속에 떠도는 생각들, 마음속에 남아 있는 감정들을 하나둘씩 짚어본다. 오늘 하루도 최선을 다해 고생했다, 애썼다며 나를 다독인다. 이 시간만큼은 숨김없이 나를 마주한다.

오늘 있었던 일을 떠올린다. 아이의 수업을 마치고 여느 때와 마찬가지로 집에 들어오는 길이었다. '아씨! 힘들어. 힘들어서 못 해 먹겠다!!!' 속마음이 터졌다. 눈물이 흘렀다. 17kg 정도 되는 잠든 아이를 안고 200m 남짓 거리를 몇 걸음 걷다 서기를 반복했다. 주위에서 바라보는 시선은 '슈퍼우먼'이었지만, 내가 겪는 현실은 '프로 고생러'가 된 것 같았다. 몇 달을 억척스럽게 참고 견디다 짜증과 울분이 폭발해 버렸다.

좀 더 솔직하게 바라본다. 내가 짜증이 났던 이유, 울컥 눈물이 났던 이유를 가만히 들여다본다. 잠든 아이가 무겁거나 미워서 그런 게 아니었다. 완벽해야 한다는 강박감이 문제였다. 그동안 일을 시작하면서 긴장과 예민한 상태였다. 일을 배우고, 실수하지 않기 위해 신경을 쓰고 있었다. 그러면서도 엄마로서 해야 할 일도 빈틈없이 해내야 했다. 하루 정도 빨래를 하지 않아도, 한 끼 정도 설거지를 하지 않아도 누가 뭐라고 할 사람은 없었다. 하지만 내가 그러지 못했다. 직장인과 엄마의 역할, 어느 것 하나 소홀히 하고 싶지 않았다. 내가 짊어지고 있는 무게는 17kg의 잠든 아이의 무게가 아닌 삶의 무게처럼 느껴졌다. 내려놓고 싶었다. 잠든 아이를 깨워 내려놓고 싶었고, 엄마의 짊어진 무게를 내려놓고 싶었다. 내가 버티고 있는 '완벽함'을 내려놓을 필요가 있겠구나, 라는 생각이 들었다.

애쓰지 말고 글을 쓰자. 글을 쓰면 민낯의 진짜 나를 만난다. 글을 쓰면서 척척척 하거나 애쓰고 있는 나를 돌아본다. 누구에게도 털어놓지 못한 일들과 감정들을 나 자신에게 꺼내놓는다. '원래 당연한 것'이라고 여겼던 일들을 '당연하지 않다'라는 결론을 내리게 된다. 내가 무엇 때문에 애쓰며 살고 있는지, 어떻게 살아야 하는지 방향을 찾아간다. '완벽함'의 틀에서 벗어날 필요가 있다. 조금은 실수해도 괜찮다고 나 자신을 다독인다. 열심히 최선을 다하며 사는 내 모습이 대견하기도 하면서도 짠하고 안쓰럽다. '다들 그렇게 산다.'라는 말이 위로되지 않는다. 그 공식을 대입하면 위로받을 수 있는 곳은 없다. 반감이 생길 때도 있다. 다들 그렇게 산다고 해서 나도 그렇게 살아야 하는 걸까? 다르게 살 수는 없을까? 온전히 나를 돌볼 수 있는 자신을 위한 시간이 부족했음을 알게 된다. 애쓴 나를 위로해줄 사람은 나 자신이었음을 깨닫는다.

문장부호에는 ',' 쉼표가 있다. 문장의 연결 관계를 분명히 하고자 할 때, 문장 중간에 끼어든 어구의 앞뒤에 특별한 효과를 위해 끊어 읽어야 할 때 쉼표를 사용한다. 이처럼 우리 삶이 한 편의 글이라면, 하루라는 문장에는 쉼표가 반드시 있어야 한다. 문장의 흐름을 파악하며 숨을 골라야 다음 문장을 매끄럽게 이어 나갈 수 있다. 가끔 어느 문장에서 숨을 골라야 할지 잊을 때도 있다. 우리는 전체적인 문맥을 통찰할 수 있는 눈을 가져야 한다. 그 눈은 글을 쓰면 보인다. 활자로 보면 객관적으로 바라볼 수 있다. 어느 문장에서 숨을 헐떡이고 있는지, 문맥을 끊어가야 할 곳은 어디인지 바라보자. 바로 그 지점이 쉼표가 필요한 순간이다.

글은 내가 살아야 할 길을 안내하는 이정표와 같다. 괜찮은 척은 이제 그만하고 진짜 괜찮게 살고 싶다면, 내가 어디서 무엇을 하고 있는지 현재 위치를 파악하는 것이 중요하다. 내가 살아가는 방향을 잃지 않기 위해, 애쓰며 사는 이유가 무의식의 흐름 속에 끌려서 사는 게 아닌지 점검해 볼 필요가 있다. 인생이라는 한 편의 글이 완성되기까지 스릴러,

판타지, 로맨스, 소설, 에세이 등 한 편에 녹아드는 장르는 무궁무진할 것이다. 다양한 장르 속에 변하지 않는 것은 나 자신이 이 글의 '주인공'이라는 점이다. 타인에게 한탄만 하며 길을 잃고 끌려가는 주인공이 될 것인가, 가치 있는 삶을 발견하며 개척해가는 주인공이 될 것인가.

마음 근육, 글 근육이 필요한 세상

어릴 적부터 병치레가 잦았다. 주말마다 아버지를 따라 산을 다녔다. 여러 산을 다녔지만, 그중 가장 기억에 남는 산행은 하얀 눈이 덮인 설산이었다. 산 중턱을 지나 정상으로 다다를수록 애니메이션 겨울왕국을 떠오르게 하는 풍경이 펼쳐졌다. 앙상한 가지에 피어난 투명한 얼음꽃은 태어나서 처음 본 아름다운 풍경이었다. 끝이 보이지 않는 산 중턱에 서서 멈춰있으면 앞장서서 걷던 아버지는 발걸음을 멈추고 "조금만 더 가면 다 왔다."고 다독이며 이끌어주었다. 뒤에서 등을 밀어주며 힘을 실어주었다. 오르고 멈추기를 반복한 끝에 정상에 오른 순간, '해냈다'라는 성취감은 짜릿했다. 눈 내린 멋진 설경을 배경 삼아 허기진 배를 채운 컵라면의 맛은 지금까지 먹은 라면 중 최고였다. 칼칼함과 뜨끈한 국물은 목구멍을 내려가면서 얼어있던 몸을 녹였다.

등산은 육체적인 체력을 단련하고, 정신을 강하게 만든다. 운동하지 않거나 처음 산을 오르면 다음 날은 온몸이 천근만근 근육통을 겪는다. 평소에 자주 쓰지 않던 근육들이 단단해지는 과정이다. 꾸준하게 산을 오르다 보면 근육통은 사라지고 체력이 길러진다. 중도에 포기하고 싶은 약한 마음을 이겨내고 도전 정신과 자신감이 길러진다. 험난한 오르막길을 오르고 나면 평탄한 산책길 정도는 가뿐해진다. 산행에서 가장 조심해야 할 점은 내리막길이다. 속도를 내면서 달려 내려오다가는 크게 다치기 쉽다. 무게 중심을 잡고 내려와야 다치지 않는다. 아는 길이거나 쉬운 길이라도 얕보거나 자만하지 않아야 한다. 등산을 통해 인생을 살아가는 법을 배우게 된다. 살면서 무게 중심을 잃으면 넘어지고, 성장통을 겪으며 삶의 지혜를 얻게 된다. 몸소 겪어 보지 않으면 가슴 속 깊은 울림을 느끼지 못한다. 자연에서 몸으로 느끼는 성찰인 것이다.

글을 쓰면서 내 안에 있는 내면을 성찰한다. 아이가 태어나면서 등산을 하지 않았다. 아이가 어려서 시간적 여유가 없었다. 아이를 등에 업고 산을 오를만한 체력도, 그만큼 마음의 여유도 없었다. 코로나19 이후로 반강제적으로 갇혀 생활하게 되었다. 갇혀있을수록 마음은 좁아지고 시야도 좁아지고 사고도 좁아진다. 근육은 움직이면서 더 튼튼해지고 강해지는 법, 쓰지 않으면 근육은 손실되고 지방만 쌓인다. 마음도 그렇다. 내 마음을 돌보지 않으니 감정 찌꺼기만 쌓여갔다. 별거 아닌 일에 예민해지고, 짜증이 나고, 화를 냈다. 쉽게 상처받고 우울한 감정이 깊어졌다. 정신 차리고 보니 유리처럼 깨지기 쉬운 마음만 남아 있었다.

내 아이를 돌보느라 무관심했던 내면 아이를 모른척했다. 결국 내 안에 응축되어 있던 감정들이 폭발하고 숨죽여 울고 있는 내면 아이를 마주하게 되었다. 어느 날, 엄마들을 대상으로 하는 무료 상담을 받은 적이 있었다. 상담일 하루 전날까지는 걱정이 앞섰다. 옹알이하는 아이랑 집에만 있다 보니 사람들과 만나 대화를 나누는 일이 없었다. 어떤 말로 말문을 터야 할지, 무슨 말을 해야 할지, 상담 신청을 괜히 했나, 싶을 정도로 고민했다. 어색한 공기가 잠시 흘렀다. 긴장이 풀리자 어린아이처럼 미주알고주알 속내를 터놓았다. 원래 내가 말을 이렇게 잘했나 싶을 정도로 놀랐다. 낚싯바늘 끝 미끼에 걸린 물고기처럼 상담사의 몇 마디 말에 억눌린 감정이 끌려 올라왔다. 나도 모르게 소리 내어 펑펑 울었다.

그 누구에게도 말 못 할 속내를 가족, 친구도 아닌 상담자에게 어떻게 마음 편히 말할 수 있었을까? 가족에게 말하면 걱정할까 봐 숨기게 되고, 친구에게 말하기에는 창피하고, 주변 지인에게 말하기에는 나의 부족함을 드러내고 싶지 않았다. '완벽한 가면'을 벗을 용기가 없었다. 상담자는 직업 특성상, 비밀 유지를 한다는 것 때문에 안심이 되었을지도 모른다. 주위 사람들처럼 외부적으로 신경 쓰면서 말하지 않아도 된다는 것, 그 누군가에게는 털어놓고 싶었던 심정을 대나무 숲이 되어 줄 수 있는 사람이라고 생각했기 때문에 숨김없이 솔직하게 이야기를 할 수 있는 용기가 생기지 않았을까.

글쓰기는 나를 끌어올렸다. 상담자는 내 이야기를 글로 써보기를 권했다. 글의 주제는 특별히 없었지만 '내면의 나를 바라보는 것'을 강조했다. 그동안 회피했던 과거와 답답하고 불안한 현실과 마주하려니 막막했다. 마음속 응어리는 가득 차 있는데 막상 글로 적으려니 어디서부터 시작해야 할지 감이 오지 않았다. 10대 때부터 현재까지 인생 그래프를 그려보았다. 원만했던 곡선은 20대를 지나고 30대부터 점점 하향 선이었다. 이미 엎질러진 상황을 곱씹으며 한탄하고 비난했다. 내가 왜 이렇게 살아야 하는지, 어디서부터 잘못된 것인지, 후회가 밀려왔다. '이렇게 될 줄 알았다면', '이전으로 돌아갈 수만 있다면', '그때 이런 선택을 하지 않았다면' 등 과거를 붙잡고 놓지 못했다.

무기력하고 삶의 의욕이 없는 내가 글쓰기를 통해 달라질 수 있을까? 내 안의 나에게 질문을 던졌다. 몇 가지 질문은 꼬리를 물고 나를 끌어올렸다. 마음 깊은 곳에 있는 이야기가 수면 위로 올라오기 시작했다. 글을 쓰기 전, 기억을 떠올리면서 감정을 한 번 소환하고, 글을 쓰면서 다시 감정을 토해내고, 썼던 글을 읽으며 차갑게 얼어있던 감정을 뜨거운 눈물로 녹아내렸다. 감정은 세 번에 걸쳐 걸러지고 씻겨 내려가면서 '괜찮아. 이만하면 됐어.' 하고 마지막 인사를 남기고 떠나갔다.

글쓰기는 내면의 나를 연결해주는 대나무 숲이 되어 주었다. 내 안의 벽을 허물 수 있도록 도와주는 조력자가 되었다. 글을 쓰지 않았다면 머릿속으로 생각을 하고, 하지 말아야 할 이야기, 해야 할 이야기를 구분 지었을지도 모른다. 종이와 펜을 들고 빈 여백을 내 이야기로 채워간다. 꾹꾹 눌러 담아 빼곡히 채워진 글자들을 보면서 쌓아두었던 원망, 후회, 불만, 체념, 분노, 억울함 등 부정적인 감정들을 해소해간다.

사람들은 어젯밤에 일어난 이슈나 주변 사람들의 이야기는 쉽게 이야기한다. 하지만 자신의 진짜 이야기는 감춰둔다. 누군가에게 터놓기는 쉽지 않다. 간혹 용기 내어 속마음을 털어놓았다가 아직도 지난 일을 잊지 못하냐는 둥, 속이 좁다는 둥, 비웃음이나 핀잔을 듣기도 한다. 사람마다 마음을 추스르고 감정을 회복하는 속도는 다르다. 어떤 사람은 이별의 슬픔을 한 달이 지나면 일상으로 돌아오는 경우가 있는 반면, 또 다른 사람은 일 년이 지나도 못 잊고 머무는 경우가 있다. 하지만 사람들은 자신의 기준에 맞추려 한다. 완전히 회복되기를 기다려주지 않는다. 풀리지 않아도 풀린 척, 괜찮은 척, 잊은 척하며 지내야 한다. 직업의식이 아닌 이상 내 이야기를 공감하며 진심으로 들어주는 사람은 몇 안 된다. 오히려 더 깊은 상처가 되어 마음의 문을 굳게 닫아버린다. 글쓰기를 통해 깨달은 것은 내 이야기를 가장 잘 들어주고 위로해주는 사람은 자신뿐이라는 것이다.

우리가 살아가는 세상은 건강을 위해 단단한 몸의 근육을 만드는 것도 필요하지만, 어떠한 역경에도 흔들리지 않고 살아가는 단단한 마음 근육도 필요하다. 운동으로 몸의 근육을 만드는 것처럼 마음 근육을 만들어야 한다. 그동안 쓰지 않았던 근육을 반복적으로 써야 한다. 근육통을 겪으며 지방을 태워야 한다. 어떤 운동을 하든지 상관없다. 내게 맞는 운동법을 찾아 꾸준히 하면 되는 것이다. 마음 근육을 만드는 방법도 사람마다 다르다. 산책이나 활동적인 취미생활을 한다거나 사람을 만나면서 에너지를 얻기도 한다. 때로는 명상을 하기도 한다.

지방을 태운 자리에 근육이 만들어진다. 반복적으로 훈련을 하듯 마음도 이처럼 훈련이 필요하다. 시련과 고통을 견뎌낼 힘을 기르기 위해 마음 근육을 기르는 훈련을 해야 한다. 24시간 아이를 돌보면서 시간적, 공간적 제약이 없는 것을 찾아 내가 할 수 있는 것은 글쓰기였다.

글도 꾸준히 쓰다 보면 근육이 붙는다. 마음과 글 근육은 환상의 짝꿍이다. 내 안에 들어온 생각이나 사고, 감정들을 송출하는 연습이 필요하다. 아웃풋이 되어야 한다. 말이나 생각들은 눈에 보이지 않아 내뱉고 나면 흩어지고 말지만, 글은 사라지지 않고 기록되고 그 자리에 남는다. 남들이 여기기에는 별것 아닌 일이 나에게는 큰 존재가 될 수 있으며, 내일 당장 못 살 것처럼 불안했던 일들도 글로 적고 보면 몇 줄 되지 않는 사소한 일이 되기도 한다. 내가 어떻게 의미를 부여하느냐에 따라 사건은 희극이 될 수도, 비극이 될 수도 있다. 단단한 마음과 글 근육은 삶을 지탱해주는 에너지가 된다. 앞으로 살아가는 동안 예기치 못한 시련들을 겪더라도 근육을 비축해둔다면 나를 성장해주는 근육통으로 가볍게 여기게 될 것이다.

온기를 전하는 글

해풍을 맞으며 자란 소나무가 우거져있는 한적한 길로 발걸음을 옮겼다. 자주 다니는 산책 코스 A에 비하면 산책코스 B는 지나다니는 사람이 많지 않았다. 걷다 보면 저 멀리서 내 앞을 지난 사람의 형태가 보인다. 아무도 없는 낯선 길을 걷고 있으니 조금은 무섭고 두려웠다. 이 길은 사람들이 다니기 좋게 잘 포장된 길이 아닌, 자연 그대로의 길을 유지했다. 사람들이 지나다니면서 길이 난 것 외에는 자연의 모습을 갖추었다. 한 번도 가보지 않은 오솔길을 지나니 크고 작은 돌들이 제멋대로 흩어져있는 해변 길이 나왔다. 울퉁불퉁한 돌들을 밟으며 해변을 지나고 나니 다른 세상이 펼쳐졌다. 발걸음을 멈추고 한참을 바라보았다. 여기가 내가 살던 동네가 맞는지 의심이 들 정도로 이국적인 풍경이었다. 처음 온 장소인데 어디서 본 듯한 풍경이다. '어디였지?' 내가 이전에 가봤던 곳이 분명했다. 한참을 기억을 더듬어서야 떠올랐다. 남해 다랭이 마을과 비슷한 풍경이었다. 우리 동네에도 이런 곳이 있을 줄은 몰랐다. 어쩌면 나만 모르고 지냈을지도 모른다. 자주 걷던 익숙하고 평탄한 길이 아닌 낯설고 새로운 길을 선택한 것은 나에게 뜻밖의 선물이었다.

이제라도 멋진 풍경이 있는 장소를 알게 되었으니 얼마나 다행인가. 가끔 혼자이고 싶을 때 오면 좋을 곳이 하나 더 생겼으니 말이다. 마치 생각지도 못하게 보물을 찾은 기분이었다. 두려움은 눈앞에 보이는 바다에 던져버렸다. 바다를 등지고 드넓은 유채꽃밭을 바라보았다. 오랫동안 머물던 겨울이 지나고 내 마음도 봄날이었다.

나는 익숙하고 안정적인 것을 추구하는 계획적인 성향을 지닌 사람이다. 가령, 약속이 있는 날이면 그 전날 입고 가야 할 옷, 챙겨야 할 물건, 동선과 예상 소요 시간 등을 미리 확인해서 준비한다. 낯선 사람들을 만나고 새로운 관계를 형성하는 것보다 오랫동안 알고 지낸 사람들을 만나며 시간을 보내는 것을 좋아한다. 자주 가는 카페에서 즐겨 마시는 라떼를 한잔하면서 아무 말 없이 혼자 있는 시간을 즐긴다. 이럴 때 가장 마음이 편안하다. 다만, 익숙한 것에 오래 머물다 보면 때로는 삶이 단조롭게 느껴진다. 일상이 따분해지기도 하고 무기력해진다.

때로는 나를 위해 일상에 작은 변화가 필요하다. 변화하기 위해서는 많은 경험을 해야 한다. 새로운 경험은 나를 새롭게 만들어준다. 낯선 장소에 가서 새로운 음식을 먹거나 행동을 하며 적당한 긴장감을 즐겨 본다. 낯선 경험은 단순한 삶의 활력을 불어넣어 준다. 처음 해보는 경험들은 지식과 정보를 주기도 하고 짜릿한 성취감을 가져다준다. 고착된 사고의 폭을 넓히고 에너지를 얻는다. 어제의 나에서 오늘의 나는 달라진다. 낯섦과 두려움을 이겨내 용기를 장착한 나는 어제보다 성장하게 된다.

예능프로그램을 보면서 문득 본 캐릭터와 달리 다양한 캐릭터를 가진 사람이 되고 싶다고 생각했던 적이 있다. 늘 한결같은 이미지가 아닌 누구도 예상하지 못한 캐릭터를 가지고 살아보고 싶다는 생각이 들었다. 열심히 산 것 같은데 허무함과 쓸쓸함이 밀려올 때마다 한 편씩 글을 썼다. 일상에서 전하지 못했던 내면의 이야기를 솔직 담백하게 담아 내었다. 한 조각의 이야기들이 모여 한 편의 인생을 그려보고 싶었다. 6개월간 흩어진 조각들을 담았다. 글쓰기를 통해 다른 사람들에게도 따스한 온기를 전하고 싶다는 간절한 마음을 손끝으로 옮겼다. 사람 관계에 받은 상처는 마음을 여는 데까지 오랜 시간이 걸린다. 상처가 있는 사람들은 그 아픔을 안다. 나와 같이 아픔을 겪은 사람들을 위로하고 힘이 되어 주고 싶은 마음이다. 마흔을 바라보는 어느 봄날, 원하던 부캐를 얻었다. 아무도 모르는 〈브런치〉 작가가 되어 글을 쓰는 중이다.

경험하지 않은 작가의 길을 걷는다는 것은 도전이다. 책을 쓰기로 결심한 순간 걱정이 앞섰다. 혼자서 에세이를 쓰는 것과는 달리 여러 작가와 공저 쓰기에 참여하는 것은 처음이었기에 부족한 점이 많았다. 두려움을 이겨내야 했다. 적당한 긴장감이 맴돌았다. 어떤 길이 나올지는 모른다. 모르는 길이기에 두렵다. 길을 걷기로 선택한 후부터는 나 자신을 믿고 걸어야 한다. 지나온 길을 되돌아갈 수도 멈춰 서 있을 수도 없다. 책을 쓰기로 결심했을 때 주변 사람들의 반응은 두 가지로 나뉘었다. 하나는 나와 같이 자신이 경험해보지 않은 사람들의 걱정과 충고였다. 그들도 이 길이 어떤지 모르기 때문에 의심하고 불안해했다. 부정적인 피드백이 대부분이었다. 서운한 마음이 들기도 하지만 '그럴 수도 있지', 하며 애써 이해했다. 반면 또 다른 하나는 자신이 직접 경험하거나 그 길을 가고 있는 사람들의 조언과 응원이다. 도전에 용기를 주고 믿음을 주었다. 무엇이 되었든 주변에 흔들리지 않고 선택한 길을 묵묵히 걸어가는 것이 중요하다.

글을 쓰기 위해 가장 먼저 습관처럼 하는 행동이 있다. 노트북을 켜고 잔잔한 음악을 배경음으로 틀어놓는다. 그날의 기분과 상황에 따라 적절한 플레이리스트를 찾는다. '수면과 휴식을 위한 음악', '언제나 나를 위로해준 음악들', '지치고 힘든 날 위로가 되는 피아노 모음' 등의 제목에 저절로 눈길이 간다. 가끔 영상에 달린 댓글을 보면 나처럼 울적하거나 힘이 든 사람들, 위로받고 싶은 사람들이 많다는 것을 알게 된다. 그리고 오늘 하루도 수고했다, 행복했으면 좋겠다, 응원한다는 댓글이 대부분이었다. 노래를 들으며 응원하고 위로하는 댓글들로 힘을 얻으며 자신을 찾아간다. 사람들은 각자 자신만의 방법으로 자신을 달래는 법을 찾아간다. 음악을 듣는다든지, 그림을 그린다든지, 노래를 부른다든지, 책을 읽거나 글을 쓴다든지, 사람들을 만나 수다를 떤다든지, 조용히 혼자서 휴식을 취한다든지 등으로 쌓아온 감정을 해소한다. 이렇게 스스로 해결하는 사람은 자기 자신을 잘 안다. 자신을 모르는 사람은 내가 무얼 좋아하는지, 어떻게 하면 기분이 괜찮아지는지, 마음을 다스리는 법을 모른다.

때론 우리는 길을 잃어버릴 수도 있다. 가야 할 길을 멈추고 주저앉고 싶을 때가 있다. 잘못 들어온 길이 아닐까 두려울 때도 있다. 가파른 언덕을 오르거나 끝이 보이지 않는 먼 거리에 화가 날 때도 있다. 내가 선택한 길이라는 사실에 더 화가 날 수도 있다. 아무도 가지 않는 길, 낯설고 외롭고 쓸쓸할 때도 있다. 그럼에도 불구하고 버티며 나아가야 한다. 버틸 수 있는 힘은 나 자신을 믿는 것이다. 걸음을 세면서 속도에 맞춰 가는 것이다. 끝이 보이지 않는 길이라 할지라도 멈추지 않는다면 끝은 언제나 있다. 자신을 기다리고 있는 풍경을 상상해보길 바란다. 한참 지나고서야 그때 가보지 않은 길에 후회하지 않길 바란다. 단 한 줄일지라도 차갑게 얼어붙은 마음을 따스하게 녹여줄 수 있는 사람, 진심이 닿는 사람이고 싶다는 마음으로 글을 쓴다. 짧은 한두 줄의 댓글로도 진심이 느껴지듯이 온기를 전하는 글을 쓰는 사람이 되고 싶다. 내가 선택한 이 길의 끝은 마음을 리드하는 정 작가로 불리는 봄날이 아닐까. 우리 모두는 정원사가 될 수 있다. 자신만의 마음의 정원을 그려보길 바란다.

손끝에서 흐르는 기억

한 번쯤 이런 경험은 있으리라 생각된다. 무언가 검색을 하려고 휴대폰을 들었다가 쓸데없는 데에 시간을 보내버린 경우, 냉장고 문을 열었다가 '내가 뭘 꺼내려고 했었지?' 순간 깜빡 잊는 경우, 마트에 장 보러 가서는 오늘 저녁 준비에 꼭 필요한 재료만 빼고 사 오는 경우가 있다. 때로는 어떠한 사건이 작년인지 재작년에 있었던 일인지 헷갈리기도 한다. 하지만 불을 끄고 자려고 누웠다가 과거에 있었던 지난 일 때문에 잠을 못 이루는 때도 있다. 잊으려 생각할수록 점점 더 선명하게 떠오르고 과거에 갇히게 된다. 이는 대부분 나쁜 일이거나 부정적인 감정이다. 세세한 상황은 떠오르지 않지만 아픔, 슬픔, 분노, 후회, 불안, 억울함 등의 감정이 짙게 남아 있다.

몇 년 전, '나한테 왜 이런 일이 일어났을까?'라는 질문을 수백 번 쏟아 낸 적이 있었다. 아무것도 아닌 일처럼 담담하게 애써 잊으려 할 때마다 숨이 턱턱 막혔다. 평소에는 괜찮다가도 밤이 되고 불 꺼진 방안에 누워있으면 울컥 감정이 올라왔다. 무한 반복 재생 버튼이 눌러진 것처럼 그날의 장면이 떠올랐다. 누구나 마음 한구석에 가두어 둔 기억들이 있을 것이다. 왜 나쁜 일은 오래 기억되는 것일까? 콜롬비아 대학 르네 헨 교수는 우리 뇌는 모든 것을 기억할 수 없기에 생존에 필요한 것을 먼저 기억한다고 한다. 뇌는 많은 정보 중에 생존에 가치가 있다고 생각하는 정보를 더 기억하려고 애쓰는데 그 정보들의 가치를 매기는 척도가 감정인 것이다. 뇌는 감정이 강하게 실린 정보일수록 가치 있고 중요한 정보라고 여긴다고 한다. 가치 있게 느껴진 감정은 장기기억으로 저장된다. 마치 보이지 않은 감정이 폴라로이드로 출력되어 사진처럼 남는 것과도 같다. 뇌는 또다시 같은 일이 반복되는 것을 방지하고, 생존을 위한 정보를 보존하기 위해 여러 가지 형태의 기억으로 남긴다. 따라서 나쁜 일을 오래 기억되는 이유는 뇌의 생존 지향성 때문이다.

 나쁜 기억이 떠오를 때마다 어떻게 하면 좋을까? 나쁜 기억으로 오래 남은 일들은 가까운 가족이나 지인, 친구에게도 쉽게 터놓을 수 없는 일들이 대부분일 거라 생각된다. 번 아웃을 겪으면서 내가 선택한 방법은 쓰기였다. 왜 이런 일이 일어났을까? 수없이 복잡하게 머릿속을 떠올리던 것을 종이와 펜을 꺼내 적었다. 반복적으로 재생되는 장면을 떠올리면서 "왜?"라는 질문과 함께 한 줄을 이어갔다. 상황은 없고 감정만 가득하다. 그 외에 모든 사항은 두루뭉술하다. 감정에 지배되어 아무것도 안 하고 누워있을 때는 답답한 마음뿐이었다.

펜을 들고 하얀 백지 위에 한 문장씩 쓰면서 내 손은 빨라졌다. 첫 문장을 쓸 때는 또박또박 반듯했던 글자들이 점점 삐뚤어지고 휘갈겨 쓰게 되었다. 떠오르는 기억과 감정의 속도가 손끝을 타고 쓰는 속도보다 빨랐던 것이다. 필체가 바뀌듯 글의 흐름도 점점 바뀌어 갔다. 억울함이 가득했던 일인칭 시점에서 3자의 시점으로 넘어갔다. "왜?"라는 이유에서 시작되어 "어떻게 하면 될까?"라는 답을 찾아가며 결말을 맺고 있었다.

글을 쓴다고 상황이 한순간에 변하거나 사람이 바뀌지 않는다. 자신이 변화하기 위해서는 행동이 먼저 바뀌어야 한다. 변하고자 하는 마음을 먹었다면 행동으로 실천하는 것이 중요하다. 나쁜 기억 속에서 갇혀 있을 것이 아니라 깨고 나와야 한다. 행동하지 않으면서 상황이 바뀌기를 원하는 것은 욕심이다. 내가 알고 지내는 K는 사교성이 좋은 사람이다. 하지만 겉으로 보이는 모습과는 달리 마음의 상처가 많았다. 속마음을 잘 드러내지 않는 자존감이 낮은 사람이었다. K는 자신의 외모에 열등감을 느끼며 괴로워했다. 그녀가 마음을 열고 이야기를 했을 때, 그녀의 모습에서 예전의 내 모습을 보는 듯했다. K는 나를 동경하면서 자신도 변화되기를 바랐다. K는 자신이 무엇을 어떻게 바꿔 나갈지 고민했고 계획을 세웠다. 몇 주 후 달라진 자신의 모습을 보여주겠다며 강한 의지를 보였다. K를 다시 만난 날은 그로부터 몇 달이 지난 후였다. K는 자신 있게 시작했지만, 빈번히 실패로 돌아가자 자신에게 실망했다고 한다.

자신을 성장하고 변화하고 싶다면 자신을 먼저 알아야 한다. 여유가 되면 전문가를 찾아 상담을 받는 것도 좋지만, 매번 상담을 통해 치료하는 것도 경제적으로 부담이 된다. 그리고 상담을 권하면 자신을 '환자'로 여긴다고 자칫 오해를 불러일으킬 수 있어서 조심스럽고 당사자 본인도 꺼리는 경우가 많다. 자존감이 낮아진 K에게 글쓰기를 제안했다. K는 고개를 흔들며 자신 없다고 했다. 어릴 적부터 책 읽기와 글쓰기에는 담을 쌓고 지내서 잘 쓸 용기가 없다고 했다.

K뿐만 아니라 주위 사람들도 똑같이 반응한다. 글쓰기를 권유하면 글쓰기도 어릴 적부터 타고나야 한다고 생각하거나 글쓰기에 대해 두려움을 갖고 있다. 어떻게 써야 할지, 무엇을 써야 할지 막막하다는 것이다. 그리고 잘 쓰지 못하겠다고 말한다. 여기서 착각하고 있는 점은 왜 다들 잘 쓰려고 하는 것인가이다. 공모전에 내기 위해, 누군가에게 보여주기 위해 쓰는 것이 아니라 나 자신에게 쓰는 혼자만 보는 글이다. 잘 써야 한다는 부담감을 내려놓고 가볍게 낙서하듯 먼저 나를 위해 쓰는 연습이 필요하다. 잘 쓰느냐 못쓰느냐는 그 누구도 평가할 수 없다. 남의 이야기가 아닌 내 이야기이기를 쓰는 것이다. 글쓰기를 권유하는 이유는 글쓰기 실력을 향상하기 위해 쓰는 목적이 아니다. 자신을 발견

하기 위해서다. K에게 딱 일주일만 쓸 것을 제안했다. 단, 매일 빠짐없이 써야 한다. 일주일 전의 나와 오늘의 나의 행동과 감정들이 어떻게 변화되고 있는지 스스로 깨닫게 될 것이다.

글쓰기를 기억의 도구로 활용해보는 것이 어떨까? 우리 뇌는 부정적인 감정만 아니라 긍정적인 감정도 중요하게 여긴다. 주기적으로 분리수거를 하여 쓰레기를 배출하듯이 좋지 않은 감정 쓰레기를 배출했다면 이제는 영구적으로 오래 보관해야 할 좋은 감정을 쌓는 작업을 해야한다. 우리의 평범한 일상은 단기기억이다. 자극적이지 않고 커다란 감정을 불러일으키지 않는다. 잔잔한 물결과 같은 일상의 감정들은 단기기억으로 며칠 지나면 잊히게 된다.

강한 울림이 있는 좋은 기억과 추억은 나쁜 기억을 잊게 할 뿐만 아니라 스트레스를 줄여주고 치유제 역할을 한다. 영구적으로 기억에 남는 긍정적인 감정을 만드는 가장 좋은 방법은 무엇일까? 일상에서 꾸준히 반복하는 것이다. 자신이 즐거움과 행복을 느끼는 작은 것들을 행동하는 것이 중요하다. 개인마다 행복을 느끼는 요소는 다르다. 자신만이 느끼는 행복 요소를 찾아야 한다. 글쓰기는 치유의 좋은 도구가 된다. 글쓰기를 통해 나에게 긍정적인 보상을 주는 것이다. 소소하지만 작은 행복을 찾아 기록해본다. 기록하지 않으면 기억되지 않는다. 오늘의 작은 행복들이 한 페이지씩 쌓이고, 한 권이 되고, 1년이 지난 후 다시 펼쳐보자. 설령 현재 힘든 일을 겪고 있더라도 에너지를 얻고 원동력이 될지도 모른다.

내가 글을 쓰는 이유는 기억하기 위해서 기록하는 것이다. 우리가 어떤 사건을 기억하는 방법은 여러 가지다. 평소에 떠오르지 않던 일들도 추억이 깃든 장소, 음악, 음식을 접하면 어제의 일처럼 생생하게 장면이 떠오른다. 동시에 그날의 감정이 함께 느껴진다. 같은 공간에 머물렀던 사람들과 이야기를 나누다 보면 느낀 감정은 제각각이다. 그날의 날씨, 공기, 음식 등) 행복한 기억으로 남는 사람이 있는가 하면 불행한 기억으로 남는 사람도 있다. 글도 마찬가지다. 지난 일기장을 들여다보면 글을 읽는 순간 그날의 일과 감정이 동시에 떠오른다. 머릿속이나 마음이 복잡할 때도 손끝을 타고 내려온 기억은 글이 되고, 쓰인 글은 안개처럼 뿌연 잔상이 어제 일처럼 선명하게 그려진다.

떠오르는 기억이 모두 정확할 것이라고 믿지 말자. 기억은 오류를 범하기도 한다. 우리가 기억하는 기억은 세부적인 사항보다 감정을 저장하고 있기 때문이다. 상황을 바로 보지 못하고 감정 때문에 죄책감이나 불안함, 심리적 고통을 느끼면서 지내지 않길 바란다. 잠들지 못할 만큼 반복되는 부정적인 감정의 떠오르는 기억이 있다면 당장 침대에서 나와 종이와 펜을 꺼내 보자. 기억의 오류를 바로잡기 위해 손끝에서 흐르는 기억을 따라 이야기를 써보자. 진짜 이야기를 찾고 나를 찾아가는 연습이다. 부정적인 장기기억은 퇴고를 통해 긍정적인 기억으로 재탄생될 것이다.

당신 덕분에 쓰기 시작했습니다

꿈은 무엇일까? 허구인가? 망상인가? 상상인가? 꿈을 꾼 것은 내가 겪은 일이지만, 꿈속의 일은 실제 일어난 일은 아니다. 정신분석학의 창시자인 지그문트 프로이트는 꿈이 소원성취를 위한 것이라고 말한다. 무의식 속에 억압된 개인의 소망이나 욕망이 꿈을 통해 실현된다고 한다. 꿈을 제대로 해석하면 그 사람에게 잠재된 욕망을 알 수 있다는 것이다. 자신이 의도하거나 생각하지도 않은 일들을 꾸게 되는 것도 무의식 속의 욕망이라고 해석했다.

매일 밤마다 지독한 악몽에 시달렸다. 무의식 속의 욕망이나 소원이 아니었다. 원하지 않는 꿈이었다. 불안한 현실에서 벗어나 꿈에서만이라도 자유롭게 지내고 싶었다. 현실에서 도망가고 싶었다. 하지만 꿈은 나를 어두운 동굴 속으로 가두었다. 반복되는 악몽에서 벗어나기 위해 몸부림치면서도 미래를 위한 꿈은 없었다. 이상과 현실 사이에서 갈등이 생길 때마다 '꿈은 이루어진다'라는 대표적인 희망의 메시지는 그저 듣기 좋은 말뿐이었다. 인생이 꿈 꾼대로 이루어지면 얼마나 좋을까. 세상은 그렇게 호락호락하지 않았다. 헛된 꿈은 독이고 사치였다. 누군가는 먹고사는 게 힘든데 감성적인 꿈 타령이나 할 시간에 현실을 직시하고 바라보라고 충고했다. 꿈도 여유가 있는 사람만이 꿈을 꾸며 살아가는 것이라고 한다. 지독하게 밤마다 꿈을 꾸는데, 꿈을 꾸지 않고 살아가는 인생이라니. 역설적인 삶이지 않은가.

인생에서 가장 중요한 것을 잃어버렸다. 어느 날, 얼큰하게 취한 남편이 속풀이를 했다. "당신은 나만 바라보며 살 거야? 나 없으면 어떻게 살려고 그래?" 말끝을 흐리고는 그대로 잠이 들었다. 평소 같았으면 대수롭지 않게 받아들였을 말이 귓가에 맴돌았다. 10대부터 30대까지 살면서 처음으로 철학적이고 심오한 질문을 내게 던졌다. 인생에 '만약에'라는 예기치 못한 상황을 마주했을 때, 나는 어떻게 대처하고 살아갈 것인가? 그동안 어떻게 살아온 것일까? 나는 누구인가? 잘 사는 것은 무엇이며 앞으로 어떻게 살아야 하는가? 질문은 끊임없이 쏟아졌지만, 그에 대한 답은 명쾌하게 풀어낼 수 없었다. 머릿속이 헝클어진 실타래처럼 꼬였다.

'기생'이라는 말은 두 가지 의미가 있다. 하나는 서로 다른 종류의 생물이 함께 생활하며, 한쪽이 이익을 얻고 다른 쪽이 해를 입고 있는 일을 뜻한다. 또 다른 의미로는 스스로 생활하지 못하고 다른 사람을 의지하며 생활하는 것을 뜻한다. 전자와 후자 중 나는 후자에 가깝다고 생각했다. 그동안 나는 '기생'하며 인생을 살아 온 것일까? 배우자와 아이의 삶에 기대어 사는 것은 아닐까? 인정하고 싶지 않지만, 한 가지 중요한 사실은 인생에 '내가 없다'라는 점이었다.

미래를 위한 보험은 나 자신이다. 누구나 기본적으로 보험 하나씩은 가입해두고 있을 것이다. 갑작스러운 사고가 발생했을 때 치료비와 생활비를 대비하기 위해서다. 사고는 불시에 찾아온다. 안정적이었던 직업도 10년이 지나면 미래에 사라지는 직업으로 바뀌는 세상이다. 결혼하고부터는 '배우자'로서 이해하고 배려하며 '남편바라기'로 살았고, 아이를 낳은 후부터는 '엄마'로서 신체적, 감정적으로 건강하게 자랄 수 있도록 모든 시간을 '아이 바라기'로 맞춰 살았다. 이렇게 사는 인생이 진짜 내가 원하는 인생인 걸까? 이전 시대의 부모님들에게는 자식이 보험이었다면, 이제 우리가 살아가야 할 시대는 나 자신이 보험이 되어야 한다.

나를 위한 인생을 설계하기 위해 잃어버린 나를 찾는 여정을 시작했다. 완벽한 배우자와 엄마를 내려놓고 그들의 지분을 재분배했다. 배우자와 아이를 합해 반으로 두고, 나 자신을 위한 반을 채우기로 한다. 아이가 성장하고 독립할 나이가 다가올수록 내 인생의 지분은 온전히 나로 가득 채워질 것이다. 나를 채우기 위해 무엇을 할 것인가? 경력단절,

특별한 재능이나 무엇 하나 잘하는 것 없는 내가 할 수 있는 것은 무엇일까?

나를 위해 선택한 보험은 책 읽기와 글쓰기였다. 경제적으로 여유롭지 않았기에 목돈을 들여서 무엇을 배우는 것은 부담이었다. 그런 면에서 책 읽기와 글쓰기는 자기 계발을 할 수 있는 최선책이었다. 지금까지 내가 선택한 것 중에 후회 없는 선택이라고 할 수 있겠다. 책은 한 달에 한두 권 사서 읽거나 주로 도서관에서 대여해서 읽었다. 책 읽기는 밖의 세상과 연결하는 통로였다. 나만 알고 있는 말 못 하는 고민을 나와 같은 역경을 겪었던 저자의 글을 통해서 공감하며 위로를 얻었다. 다듬어지지 않은 무성한 숲에서 헤쳐 나오는 방안을 터득하게 했다.

밤마다 꿈속에서 울부짖던 나를 깨워 글로 옮겼다. 마음속 웅크리고 있는 내 안의 내면 아이가 불쑥 고개를 내밀었다. 남몰래 묵혀두었던 감정들을 토해낼 차례였다. 현실에서 도피하기 위해 불을 끄고 억지로 눈을 감고 잠을 자려고 시도하기보다는 책상 앞에 앉아 종이와 펜을 들었다. 나에게 쓰는 고백이었다. 굵은 눈물방울이 종이 위에 뚝뚝 떨어져 글자는 희미하게 번져 읽을 수 없게 될 때가 많았다. 그렇게 밤마다 글을 썼다. 글을 쓰고 몇 달이 지난 후에 악몽에서 벗어날 수 있었고, 깊은 잠을 잘 수 있게 되었다. 매일 밤마다 나를 찾아와 괴롭혔던 꿈들은 나를 비난하고 질책했던 마음 때문이라는 것을 깨닫게 되었다.

책을 읽고 글쓰기를 하면서 내게도 꿈이 생겼다. 아이를 볼 때마다 그날의 일이 떠오른다. 울고 있는 엄마에게 휴지를 건네는 4살 아이의 얼굴을 잊을 수 없다. 아이는 엄마 주위를 맴돌면서 불안해하고 있었다. 혼자서도 잘 노는 아이가 엄마만 바라보고 있었다. 아이에게 엄마는 자신과도 같은 존재이다. 엄마의 모든 행동을 보며 모방하고 학습해간다. 엄마의 슬픔이 고스란히 아이에게 전해진다. 왜 슬픈지 모르지만 아이는 엄마 곁을 지켜야 한다는 것을 어린 나이에도 알고 있는 듯했다. "미안해. 엄마가 미안해."하면서 아이를 안고 펑펑 울었다. 잠든 아이를 보며 항상 미안한 마음을 안고 살아가는 엄마가 아닌 당당하고 멋지게 성장하는 엄마가 되기로 꿈을 꾼다. 어쩌면 실낱같은 희망과 이기적인 욕심일지라도 꿈을 꾸며 살아가자고 다짐한다. 현실의 벽을 허물지 못해 좌절하고 노력한 만큼 결실을 맺지 못해 포기해버리는 상황이 생길지라도 분명한 것은 자신을 잃은 무의미한 삶은 살지 않겠다고 결심한다. 들꽃들이 저마다 자신의 색을 피우는 것처럼, 나만의 인생이란 도화지에 밑그림을 그리고 알록달록 색채를 채워간다.

어느 날 무심코 던진 질문 덕분에 글을 쓰는 삶을 살아간다. 질문은 생각을 바꾸고 행동을 바꾸게 했다. 얼마 전까지 아이는 엄마가 무슨 일을 하는지 몰랐다. 엄마가 책을 보면서 노트북을 두드리고, 책에 글을 쓰고 줄을 치는 엄마의 뒷모습을 유심히 지켜봤었던 아이는 그 모습을 똑같이 따라 하며 책에 귀여운 낙서를 했다. 동화책을 읽으면서 아이에게 엄마가 하는 일을 알려주었다. "우리가 지금 읽고 있는 동화책을 쓴 사람을 작가라고 해. 엄마도 글을 쓰는 일을 해. 엄마의 꿈은 엄마의 책을 만드는 거야. 엄마의 책을 읽고 사람들 마음이 따뜻했으면 좋겠어."
아이는 대단하다는 듯 박수를 치며 큰 소리로 말했다. "엄마! 나도 엄마
처럼 책을 쓰는 사람이 될래!" 내 꿈이 아이의 꿈으로 전해진다. 아이는
발레리나, 가수, 화가, 태권도선수에 이어 작가라는 꿈이 하나 더 추가
되었다. 꿈을 그리는 아이, 엄마의 뒷모습을 보고 자라는 아이를 위해
꿈을 키워나간다.

　꿈을 꾸며 살아온 덕분에 평범한 내가 작가가 될 수 있었다. 글쓰기를
통해 내 인생이 180도 달라진 것은 아니다. 하지만 잃어버린 나를 찾고,
내가 무엇을 좋아하는지 무엇을 잘하는지 아무것도 모르던 나에게 꿈
이 생겼다는 것은 엄청난 변화였다. 꿈을 사치라고 생각했던 내가 작가
가 되겠다고 주변 사람들에게 대외적으로 선포할 수 있는 용기가 생겼
다. 악몽에서 벗어나기 위해 몸부림치던 때에도 꿈이 없는 삶을 살던 내
게 꿈이 생겼다. 꿈을 현실로 옮기기 위해 노력하지 않았다면 여전히 꿈
은 사치라고 여기며 살았을지도 모른다.

　오늘부터 주위에 헛된 꿈을 꾸지 말고 현실과 타협하며 살아가라고
꿈을 짓밟는 사람들을 멀리하자. 꿈을 꾸는 것이 독이 아니라 그들이 독
인 것이다. 작은 꿈의 씨앗을 심어두자. 관심을 가지고 물을 주고 햇볕
을 쬐어주면 싹은 피어난다. 기회는 준비된 자에게 우연히 찾아온다. 준
비되어 있지 않으면 기회가 와도 기회인 줄 모르고, 기회를 눈앞에서 놓
쳐버리게 된다. 우리는 밤마다 꿈을 꾸고 새 아침을 맞이한다. 꿈을 꾸
고 꿈을 쓰며 살아가길 바란다.

제2장
글쓰기! 삶의 해답을 만난다

이경희

글쓰기는 최고의 퍼스널 브랜딩 도구이다

며칠 전 트위터에서 전체인원의 50%에 달하는 직원을 해고했다는 소식을 들었다. 그 소식을 들은 지 얼마 되지 않아 메타라는 기업에서도 대규모로 직원을 해고한다는 내용의 기사를 접했다. 두 기업 모두 우리나라 기업은 아니지만, 우리나라에서도 이미 벌어지고 있는 일이며 누구도 피해갈 수 없는 일이라는 생각이 든다.

평생직장이라는 말은 이미 사라진 지 한참 되었다. 그러나 아직도 몸담은 회사가 자신의 인생을 평생 책임져 줄 것으로 생각하는 직장인이 생각보다 많다. 그들은 먹고 자는 시간을 제외하고 모든 시간을 회사에 헌신한다. 만약, 자신의 모든 것을 바쳐 일했음에도 경영진의 무능으로 회사가 어려워져 정리해고 대상에 포함되거나, 작은 실수로 인해 권고 사직이라도 당한다면 어떻게 되겠는가? 아무런 준비도 없이 모든 걸 헌신했던 직장인의 이후는 말 안 해도 잘 알 것이다.

　과거, 직장이 중심이었던 시대에서는 집단에 속하기 위한 처세술이 뛰어나야 살아남을 수 있던 시절이 있었다. 그러나, 이제는 직장 중심이 아닌 직업 중심이 되어가고 있으며, 조직의 일원으로 살아남기 위한 처세보다는 개개인을 잘 표현할 수 있는 마케팅이 중요한 시대로 변해가고 있다. 당연히 직장을 떠나도 내 직업이 유지될 수 있어야 하고, 조직에 속하지 않아도 개개인 스스로가 독립적으로 가치를 생산할 수 있어야 한다. 또한, 상사에게 아부하고 눈치 보지 않아도 나의 경험이나 서비스를 다른 누군가에게 판매할 수 있는 재능을 만들어가야 하는 시대가 되었다.

　그런 시대에서 살아남기 위해서는 회사의 이름이나 직함, 출신 학교, 유명세를 가진 지인 관계 등의 간판이 아닌 직업을 평생 지속할 수 있도록 나만의 커리어를 만들고 상품화해야 한다. 회사 이름이나 직함을 던져 버려도 가치를 생산할 수 있게 하려면 나에 대한 평판을 만들어야 한다. 나만의 독립적인 가치 생산과 판매를 가장 효율적으로 만들기 위해서는 '나라는 사람' 또는 '나를 대표하는 명칭'을 다른 사람의 머리와 가슴 속에 강력하게 심어주어야 한다. 그렇다면 이 모든 것을 가능케 하는 가장 좋은 방법은 무엇일까? 바로 나를 브랜딩하는 것이다. 한마디로

'퍼스널 브랜딩'을 구축하는 방법이다.

　퍼스널 브랜딩은 내가 가진 여러 가지 경험과 재능을 다양한 채널을 통해 '나'라는 사람을 명확하고 지속해서 알리고 내가 하는 비즈니스나 서비스 등을 다른 것들과 차별화하여 나만의 독립적인 브랜드로 만드는 것이다.

　그렇다면 내가 가진 경험이나 재능을 알릴 방법은 무엇이 있을까? 나를 알릴 수 있는 것을 떠올려보면 유튜브, TV, 책, 블로그, 인스타, 브런치 등이 대표적으로 있다. 지금 나열한 나를 알리는 도구들을 보면 모두 글쓰기를 필수로 한다. 특히, 책이나 블로그, 브런치는 글쓰기가 빠질 수가 없다. 인스타는 사진이 중심이지만 사진만으론 브랜딩하기엔 한계가 있어 자신을 표현하는 글이 필요하다. 또한, 유튜브나 TV 방송은 애드리브와 같이 즉흥적으로 말과 행동을 하는 경우가 있지만, 기본적으로 대본이라는 글쓰기가 존재한다. 광고나 홍보할 때도 마찬가지로 기획 콘셉트, 시나리오 등의 원고라는 글을 바탕으로 촬영한다. 즉흥적으로 진행하면 두서없이 전개될 수 있어, 전달하고자 하는 의도가 제대로 전달이 되지 않을 수 있다. 그래서, 의도에 맞게 시나리오나 문장 등의 글을 쓰고 시나리오에 맞게 제작한다. 이처럼 제품, 서비스 등을 광고나 홍보할 때뿐만 아니라 나에 대해 누군가에게 알리기 위해서도 글쓰기는 기본적으로 필요하다.

나는 직장을 다니면서도 늘 불안감이 있었다. 맡은 일에 최선을 다하며 어디에서나 일을 잘한다고 인정받았지만, 회사가 나를 평생 책임지지 않을 거라는 생각이 자리 잡고 있었다. 몇 년 전 이직을 할 때 약간의 공백이 발생했다. 공백 기간에 회사 이름과 직함이 사라지니 다른 사람에게 나를 표현할 수 있는 단어가 떠오르지 않았다. 언젠가 나이가 들면 퇴직을 해야 할 텐데 퇴직 후의 삶을 떠올려보니 아무것도 남아 있지 않을 것만 같았다. '나 스스로가 나를 책임지지 않으면 누구도 나를 책임져주지 않는다'라고 다짐하며, '어떻게 하면 경제적 자유와 함께 내 남은 미래를 잘 만들어 갈 수 있을까?'를 고민했다.

고민이 깊어가고 수많은 책을 읽어가며 방법을 찾던 중 책 쓰기 프로젝트를 접하면서 서툴지만, 나의 글을 쓰기 시작했다. 직업이 글 쓰는 것과는 조금 먼 분야라서 그런지 처음엔 글을 쓰는 게 많이 어렵고 힘들었다. 또한, 직장을 다니면서 글을 쓰려니 시간 또한 턱없이 부족했다. 우선은 시간 확보가 먼저라 생각하며 평소 기상 시간보다 1~2시간 일찍 일어나 초고를 조금씩 써 나아갔다. 가끔 글감이 떠오르지 않을 때는 책을 필사하기도 하고, 책을 읽으며 생각이 떠오르는 문장이 있으면 밑줄을 긋고 그 문장과 함께 생각을 적어 블로그와 인스타에 올리기도 했다. 단순히 생각을 담아두기 위해 시작한 블로그나 인스타에 올렸던 글들이 하나둘씩 쌓여가면서 내 글을 읽어주는 사람이 점점 늘어나고, 공감해주는 사람들도 조금씩 생겨났다.

매일 조금씩 쓴 초고가 완성되어 몇 번의 퇴고 과정을 거친 나의 글이 책으로 출간되면서 '어느 회사의 이경희'가 아닌 '작가 이경희'라는 나를 한마디로 표현할 수 있는 또 하나의 내가 탄생하였다. 또한, SNS에 차곡차곡 쌓여가는 내 글을 읽고 공감하는 사람들이 늘어나면서 나를 아는 사람들도 많아졌다. 나를 알리기 위해 사방팔방 뛰어다니지 않아도 수많은 사람에게 자연스럽게 동기부여 전문가, 자기계발서 작가라는 브랜드가 조금씩 만들어지고 있다.

제품을 브랜딩하기 위해서는 그 제품을 잘 알아야 한다. 브랜딩을 해야 할 대상이 자신이라면 나에 대해서 그 누구보다 잘 알아야 한다. 글쓰기는 자기 내면을 들여다보며 더욱 자신을 알게 해주는 도구이다. 세상에는 브랜딩을 할 수 있는 수많은 도구가 존재하며, 브랜딩을 하려면 글은 항상 필요한 요소이다. 이렇듯 글쓰기는 자신을 알아가는 최고의 도구이자 다양하고 수많은 퍼스널 브랜딩 도구에서 필요로 하는 최고의 퍼스널 브랜딩 도구이다. 만약, 자신을 브랜딩하고 싶다고 생각하고 있다면, 가장 먼저 글쓰기부터 시작해보는 걸 강력하게 권한다.

하루 한 문단 글쓰기의 힘

"혹시 버킷리스트가 있어요? 있다면 어떤 것들이 있어요?"

주변 지인 몇 분에게 이런 질문을 했다. 버킷리스트를 적어놓은 사람도 있고, 즉흥적으로 대답하는 사람도 있었다. 누구나 마음속에는 최소한 몇 개 정도의 버킷리스트가 있을 것이다. 그들의 버킷리스트를 들어보니 아주 다양하게 가지고 있었다. 그중 약간의 차이가 있었지만, 공통으로 들어있는 것이 있었다. 바로 자신의 이름으로 된 책을 출판하고 싶다는 것이다. 그들에게 다시 질문했다.

"책을 출판하고 싶다고 하셨는데 왜 책을 안 쓰세요?"

다양한 이유를 얘기했지만, 책을 쓸 시간이 없다는 게 주된 이유였다. '책을 쓰려는 노력은 해 봤을까?', '정말 책을 쓸 시간이 없었던 걸까?'

이런 생각들이 머릿속에 맴돌았다. 한참을 고민하다 다른 진짜 이유가 있을 것 같다는 생각이 들어 물어봤다.

"정말 책 쓸 시간이 없었어요? 책을 쓰려고 시도는 해 보셨어요?"

"사실 책을 쓰려면 한 분야의 글을 꾸준하게 써야 하는데 그게 불가능하다고 생각해 시작해본 적도 없어요."

그들의 진짜 이유는 책을 쓰려면 오랜 시간 꾸준하게 써야 하는데 그걸 할 엄두가 안 나서 시작조차 못 했던 것이었다. 아마도 많은 사람이 내 지인들처럼 자신의 이름으로 책을 출판하고 싶어 하지만, 책 쓰는 것을 시작조차 하지 못하고 있을 것이다.

수많은 이유와 망설임 끝에 나도 한번 내 이름으로 된 책을 한번 출판하자고 마음을 먹고 공저 쓰기 모임에 참여했다. 그러나, 막상 글을 쓰려고 하니 정말 앞이 막막했다. 컴퓨터 프로그램을 만드는 일을 주로 하며 살아가는 소프트웨어 개발자다 보니 글은 회사에서 보고서 쓸 때 외에는 쓸 일이 거의 없었다. 모든 소프트웨어 개발자가 그런 건 아니지만 개발에 종사하는 많은 사람이 글 쓰는 것을 어려워하고 싫어한다. 나 또한 그런 부류에 속해있는 사람이기에 글을 쓴다는 것에 엄청난 부담이 있었다. 글을 써보려고 책상에 앉으면 아무 생각이 나질 않았다. '다른 사람들은 척척 잘 쓰는 것 같은데 왜 나는 아무것도 떠오르는 게 없는 걸까?' 이걸 괜히 시작했나 싶은 생각이 하루에도 수백 번 머릿속에서

왔다 갔다 했다. 첫 꼭지(하나의 소제목인 책으로 약 5~6페이지 정도의 분량)를 제출하는 날이 하루하루 다가올수록 하늘이 무너지고 땅이 꺼질 정도로 한숨이 푹푹 나왔다. 아무리 머리를 쥐어짜도 한두 줄 쓰면 내가 하려는 말이 다 끝나버렸다. 이곳저곳 인터넷을 찾아봐도 참고할 수 있는 글을 찾을 수가 없었다. 내가 여기서 포기하면 함께하는 다른 분들이 나의 분량을 추가로 써야 한다는 말에 이러지도 저러지도 못하고 시간만 흘러갔다.

"간절히 원하면 이루어진다."

어떻게 써야 하나 막막하고 고민이 깊어가던 그때 공저를 쓰기 전에 글쓰기의 감을 익히기 위해 필사를 진행했던 기억이 떠올랐다. 나는 지푸라기라도 잡는 심정으로 그때 필사했던 책을 다시 펼치고 첫 꼭지부터 필사하기 시작했다. 그 당시에는 특정 목차에 있는 7꼭지를 하루에 한 개씩 일주일간 진행했는데, 이번엔 하루 한 꼭지가 아니라 시간이 되는 대로 하루에 몇 꼭지씩 계속 필사했다. 간절한 마음으로 매일 새벽에 일어나 필사하고, 낮에도 틈나는 대로 필사하다 보니 글의 내용이 점점 또렷하게 머릿속에 들어왔다. 책을 눈으로만 읽었을 때와는 완전 다른 느낌이었다. 이 느낌을 붙잡기 위해 필사가 끝나면 한 줄이라도 생각을 적었다. 분명 필사하는 동안에는 많은 생각이 머릿속에서 용솟음쳤는

데 막상 그 생각을 쓰려고 하니 정리가 잘 안 되었다. 결국 처음으로 내가 쓴 한 줄의 글은 부끄럽게도 필사를 한 글에 대한 느낌이 아니라 필사를 마친 후의 감정 상태인 "오늘도 나는 한걸음 성장했다."라는 뿌듯함을 표현한 문장이었다.

이렇게 시작한 나의 필사 후 감상 글을 쓰는 게 시간이 지날수록 탄력을 받아 한 줄이 두 줄이 되고, 두 줄이 세 줄이 되어가며 점점 양이 늘어났다. 하루도 빠짐없이 필사와 감상 글을 쓰다 보니 '내 이야기도 이렇게 쓰면 되지 않을까?'라는 생각이 조금씩 들기 시작했다. 책에서 영감을 받은 문장을 적고 어떨 때는 나의 사례로, 어떨 때는 내가 하고 싶은 메시지를 썼다. 그렇게 글을 쓰는 감을 조금씩 익혀가며 나는 매일 하루 한 문단 분량의 글을 써나가기 시작했다. 아무 생각이 들지 않을 때도 한 문장만이라도 쓰자고 시작하여 이왕 썼으니 한 문단까지는 채워보자고 기를 쓰고 글을 썼다. 어느 정도 글을 쓰는 것이 익숙해지면서 공저 책의 초고도 하나씩 써 나아갔다. 가장 늦게 초고를 완성할 거라는 내 예상과는 달리 가장 먼저 초고를 완성했다. 초고를 다 쓰고 난 뒤에도 나는 다른 분들의 초고가 완성될 때까지 계속해서 하루에 한 문단씩 나의 글을 썼다.

글 쓰는 걸 어렵고 귀찮아하여 직장을 다니면서 글 쓰는 일에는 제일 먼저 빠져나가려고 했던 내가 책을 출판하고, 또 다른 책의 원고를 쓸 수 있었던 것은 매일 한 문단씩 글을 써 온 덕분이라 생각한다. 시작은 아주 초라했지만, 글을 잘 쓰고 싶다는 간절함과 하루도 빠짐없이 글을 써 왔기에 여기까지 올 수 있었다. 아무리 힘들고 피곤해도 하루에 한 문장만이라도 쓰자는 생각이 글 쓰는 습관을 만드는 동기 부여가 되었다면, 하루에 한 문단은 채울 수 있을 정도의 글을 쓰는 행동이 책을 쓰는 힘을 만들어주었다. SNS가 유행하면서 짧은 글에는 익숙한 요즘 시대에 웬만한 사람은 짧은 글은 쉽게 쓴다. 그러나, SNS에 올리는 글을 잘 쓰는 사람도 막상 책을 쓰는 데는 어려움을 많이 느낀다. 가장 큰 이유가 한 주제로 긴 문장의 글을 쓰는 근육이 없기 때문이다. 이 근육을 만들기 위해 매일 한 문단 분량의 글을 쓰는 연습이 필요하다고 생각한다.

한 권의 책이 만들어지기까지는 수많은 과정을 거쳐야 한다. 그 많은 과정 중 어느 것 하나 그냥 지나칠 수 없겠지만, 꼭 필요하고 반드시 거쳐야 하는 과정이 있다. 그것은 바로 글을 쓰는 것이다. 당연한 얘기지만, 글은 쓰지 않으면서 책이 출판되기를 바라는 것은 씨앗을 심지도 않고 열매를 먹겠다는 것과 같다. 그러나, 글을 쓰는 과정이 가장 길고, 가장 힘든 과정이기도 하다. 글을 많이 써본 사람도 이 과정은 힘들고 어려워한다. 간혹 일단 저지르고 보자는 생각으로 책을 쓰기 시작하는 실행력이 강한 사람이 있다. 이들도 마찬가지로 초반엔 열심히 쓰지만, 며칠 못 가서 책 쓰기를 포기하고 만다.

글쓰기를 처음부터 잘하는 사람은 없다. 우리가 알고 있는 유명한 작가들도 평소 꾸준한 책 읽기와 글쓰기로 단련되어 있기에 책을 출판할 수 있는 것이다. 스포츠를 한 번도 해본 적 없는 사람이 갑자기 운동을 잘할 수가 없듯이 어느 날 갑자기 영감이 떠 올라 책을 쓰고 베스트셀러가 되는 것은 영화나 드라마에서나 일어나는 것이다. 모든 스포츠가 그렇듯 스포츠를 잘하기 위해서는 가장 먼저 기초 근육부터 만든다. 어느 정도 기초 근육이 만들어지면 본격적으로 기술을 배우고 연습하여 실력을 향상한다. 자신의 이름으로 된 책을 내고 싶다면 하루에 한 문단씩 글을 쓰는 것부터 시작해라. 글은 재능보다 꾸준하게 쓸 때 더 좋은 글이 만들어진다. 어설픈 재능보다는 꾸준한 노력이 더 큰 효과를 발휘하고 자신을 좀 더 가치 있는 사람으로 만들 수 있는 길이다.

내 글이 아니면 남의 글이라도 써라

"퍼스널 브랜딩을 위한 최고의 도구는 글쓰기다."

자기 계발이나 퍼스널 브랜딩에 관심이 있는 사람이라면 한 번쯤 들어봤을 것이다. 최소한 이 책을 읽는 독자라면 한번은 봤을 것으로 생각한다. 글쓰기는 물질적인 비용이 크게 들어가지 않는 최고의 브랜딩 도구이고 누구나 쉽게 시작할 수 있기도 하다. 그런데, 막상 시작해보면 어렵다는 것을 느끼고 얼마 못 가 포기하게 된다. 특히, 평소 글을 잘 안 썼던 사람일수록 도전 기간이 짧다. 이유가 뭘까? 수많은 이유가 있겠지만 가장 큰 이유는 뭘 써야 할지 모르는 것에 있다.

"우리 이번에 신규 시스템 개발 프로젝트 진행하려고 하는데 유사 시스템이 있는지 조사해서 메일로 회신 좀 부탁해요."

"네. 팀장님."

시간이 한참 흘렀다.

"팀장님. 조사한 자료 메일로 보내드렸습니다."

"고마워요."

보내준 자료를 검토하고 대상을 선별해서 메일을 다시 보냈다.

"보내준 자료 검토하고 몇 개 추려서 메일로 보냈어요. 보내준 대상 시스템 벤치마킹해서 기능이나 특징, 장단점 등을 정리해 이번 주 중으로 보내주세요."

"네."

며칠이 지나 정리한 자료의 메일이 왔다.

"자. 다들 회의실로 오세요."

자료를 검토하고 회의실로 관련 인원들을 불러 모았다.

"우리가 만들 시스템은 이런 방향으로 진행하면 좋을 것 같습니다. 전체적인 기능목록은 자료에 있는 것과 같고, 필수와 부가 기능으로 구분했습니다. 업무 우선순위와 담당자도 배정했으니, 각자 배정받은 기능을 살펴보고 계획 일정을 작성해주기를 바랍니다. 유사 시스템을 확인할 수 있는 자료도 함께 첨부했으니 참고하여 진행하면 됩니다."

보통 새로운 분야의 일을 시작할 때면 제일 먼저 생각한 내용과 유사한 것을 찾아 벤치마킹한다. 벤치마킹은 특정 대상을 기준으로 삼아 그 대상과 비교 분석하여 장점은 살리고 단점은 보완하기 위한 일련의 행위이다. 새로운 일을 할 때면 늘 이 벤치마킹 과정을 통해 조사한 자료를 바탕하고 분석하고 정리하여 앞으로 일을 어떤 방향으로 해 나갈 것인가를 계획한 뒤에야 본격적으로 일을 시작한다. 이 과정이 새로운 일을 기획하는 과정이다. 가끔 기획 과정을 거치지 않거나 형식적으로 진행하고 시작하는 경우가 있는데, 그렇게 시작한 일은 잘못된 방향으로 진행되어 다시 제자리로 돌아오는 데까지 상당한 비용이 발생하기도 한다. 그 이유가 대부분 무슨 일을 어떻게 해야 하는지 몰라 우왕좌왕하다 당장 눈앞에 있는 일만 처리하며 진행하기 때문이다.

글을 쓰는 일에도 벤치마킹이 필요하다. 일기와 같이 혼자만의 기록이나 감정을 쓰는 글이라면 형식에 구애받지 않고 생각나는 대로 써도 상관없다. 그러나, 다른 이들에게 읽히는 글을 쓰는 것이라면 글의 전체적인 주제와 전달하고자 하는 메시지나 방향, 서론-본론-결론의 형태로 되어 있는 구성 등이 갖춰져 있어야 한다. 그렇지 않으면, 횡설수설하는 사람과 대화하면 무슨 말을 하고 싶은 건지 알기 어려운 것처럼 글을 읽어도 무슨 얘기를 하고 싶은 건지 이해하기 어렵다. 다른 사람이 쓴 글을 벤치마킹하며 나는 어떤 주제를 쓸 것이며, 내가 전달하고 싶은 메시지는 어떻게 표현하고, 글을 어떤 방향으로 전개해 나갈 것인가를 판단하고 글을 쓰면 훨씬 글의 내용을 명확하게 전달할 수 있다.

주제, 메시지, 글의 구성 등 어느 정도 글을 쓰는 방법을 익혔다 해도 자주 글을 쓰지 않으면 글을 쓰는 감을 잊어버린다. 매일 쓰는 것이 가장 좋지만, 일주일에 한 번은 써야 감이 떨어지지 않는다. 사람마다 차이가 있겠지만, 나의 경우는 일주일에 한 번 정도는 써야 최소한 감이 떨어지지 않았다. 직장에서 예상치 못한 급한 일들로 정신없는 상황이 발생하여 한동안 글쓰기를 중단했었다. 당시 약 2주 정도 글을 못 썼는데 다시 시작하려고 하니 생각보다 힘들었던 기억이 있다. 사람마다 능력의 차이가 있듯 휴식 기간의 차이는 있겠지만, 확실한 건 자주 쓰면 감도 잃지 않고 글쓰기 실력도 늘어난다.

자주 글을 쓰면 실력이 늘어난다는 걸 알아도 문제는 자주 쓸 수 있을 만한 소재를 생각해내는 게 만만치 않다는 데 있다. 아무리 머리를 쥐어짜도 아무것도 생각나지 않을 때가 있다. 그럴 땐 과감히 접고 쓰지 않아도 된다고 주변에서 위로해주지만 그렇게 한 번, 두 번 건너뛰기 시작하면 점점 글을 쓰는 것이 귀찮은 일이 되어버린다. 사람들 대부분이 그렇듯 귀찮은 일은 하지 않으려고 하는 습성이 있어 결국 글쓰기를 포기하는 데까지 이르게 된다.

새로운 주제로 글을 쓰는 일은 결코 쉬운 일이 아니다. 쉽지 않은 글쓰기를 감을 잃지 않기 위해 자주 쓰라고 하는 것은 고통이 되기도 한다. 그렇다면 어떻게 해야 글쓰기 감을 잃지 않고 꾸준하게 쓸 수 있을까? 바로 남의 글을 베껴 쓰게 하는 필사를 하는 것이다. 요즘은 책의 원고도 온라인으로 주고받기에 워드나 한글 프로그램과 같이 컴퓨터로 글을 쓰는 게 좋다. 손글씨로 필사하는 건 시간도 많이 소요되지만, 내가 말하는 글쓰기의 감을 유지하는 데 오히려 걸림돌이 될 수 있다. 이때 중요한 것은 내 글을 쓰고 있다는 생각으로 써야 한다. 당장 떠오르는 내용이 없어 남의 글을 보면서 따라 쓰고는 있지만, 쓰는 순간만큼은 내 글을 쓰고 있다고 생각해야 글을 쓰는 감각이 살아난다. 아무 생각 없이 남의 글을 따라 쓰면 자판 연습만 할 뿐 글쓰기 감각이 늘어나지 않는다.

또한, 내가 쓰고자 하는 목적에 맞는 책을 골라 필사해야 한다. 목적과 상관없는 책을 필사하고 난 뒤에 내 글을 쓰려고 하면 주제가 전환되었기에 뇌가 필사하기 전 상태로 돌아간다. 다시 말해 아무것도 생각나는 게 없고, 어찌 보면 시간 낭비만 하는 것일 수 있다. 나의 경우는 에세이, 자기계발서, 에세이식 자기계발서, 잠재의식에 관한 책을 주로 필사한다. 처음 시작하는 분들이라면 처음 책을 출판한 사람들의 책이 좋다. 내가 쓰려는 주제와 나와 비슷한 상황에 있는 사람들의 글을 쓰다 보면 '나도 이런 경험이 있었는데', '이렇게 이야기를 풀어가면 되겠구나', '이렇게 하고 싶은 메시지를 쓰는구나'하는 것들이 떠오른다. 이때 떠올랐던 생각이나 느낌을 그대로 글로 표현하면 결국 내 글이 되는 것이다.

무엇을 하던 지 꾸준하게 하는 것을 이기지 못한다. 글쓰기도 마찬가지이다. 매일 창작하듯 글을 쓴다는 것은 거의 불가능에 가까운 일이기에 꾸준하게 글을 쓰기 위해서는 내 글이 아닌 남의 글이라도 내 글을 쓰는 것처럼 써야 한다. 필사를 단순히 베껴 쓰기라고 생각하며 쓰지 말고, 나의 글이라 생각하며 쓴다면 어느 순간 내 글도 자연스럽게 써지는 날이 찾아오게 된다.

개인적인 글이 가장 차별화된 글이다

많은 사람이 글을 쓰고 싶어 하는데 시작을 잘하지 못한다. 가장 큰 이유가 잘 쓰려는 마음이 앞서기 때문이다. 글을 쓴다는 건 자신이 하고 싶은 말을 글로 표현하는 것이다. 말도 잘하려고 하면 오히려 말문이 막혀서 하고 싶은 말을 다 못하고는 뒤돌아서서 '그때 이 말을 해야 했는데' 하며 후회한 경험이 한 번쯤은 있을 것이다. 발표장에서 발표를 멋지게 하고 내려온 강연자에게 어떻게 그렇게 발표를 잘 할 수 있느냐는 질문을 한 적이 있다. 그때 그 사람의 대답은 아주 간단명료했다.

"듣는 사람이 누구인가를 확인하고, 내가 알거나 경험한 것을 있는 그대로 말한 것밖에 없어요."

글도 마찬가지다. 보통 말을 잘하는 사람이 글도 잘 쓴다. 그런데 여기엔 전제 조건이 있다. 잘하려고 하는 마음을 내려놓아야 한다. 말을 잘하려고 신경 써서 하면 부가적인 말을 덧붙여 말이 자연스럽게 연결되지 않듯이 글도 잘 쓰려는 마음으로 쓰다 보면 불필요한 문장들이 덕지덕지 붙어 글이 자연스럽게 연결되지도 않을뿐더러 전달하고자 하는 내용이 전혀 보이지 않게 돼버린다.

독서 모임에서 만났던 한 분으로부터 얼마 전 전화를 한 통 받았다.

"안녕하세요. 독서 모임에 함께 했던 L입니다."

"아. 안녕하세요. 오랜만이네요"

"그동안 잘 지내셨죠? 궁금한 게 있어 오랜만에 전화했어요."

"네. 저는 잘 지내고 있어요. 어떤 게 궁금하신가요? 제가 답변을 드릴 만한 게 있을지 모르겠네요."

"SNS를 보니 책을 출간하셨더라고요. 저도 오래전부터 계속 책을 쓰려고 했는데 제 얘기로 쓸만한 게 별로 없기도 하고 막막해서 책을 어떻게 어떤 방향으로 썼는지 궁금해서요."

"그동안 독서를 하면서 느꼈던 점과 독서가 내 삶에 어떠한 영향을 주었는가에 대한 방향으로 썼어요."

"저도 독서와 그동안 강의한 것에 대한 주제로 목차를 정하고 내용을 써보려고 하는데 쉽지 않네요."

"저도 처음에 목차를 만들 땐 굉장히 어려웠어요. 다행히 이끌고 가시는 작가님이 계셔서 그분께 도움을 많이 받았죠."

"목차도 그렇고 글의 내용도 고민이 많이 되더라고요. 다른 사람들에게 읽히는 책이라면 좀 더 그럴듯하고 잘 써야 할 것 같은데 그게 어렵네요."

"그런 방향으로 생각하면 한없이 어려워지고 쓸 수 있는 글이 별로 없어요. 그냥 나의 경험, 내가 하고 싶은 메시지가 무엇인가를 쓰면 누군가는 내 글을 읽고 공감하고, 실천하며 교훈을 얻기도 하는 것 같아요. 지금 강의하고 계시는 내용을 바탕으로 자신의 이야기로 풀어가시면 될 것 같은데요."

"너무 평범한 일상을 쓰면 사람들의 관심이 갈만한 이야기가 될까 하는 생각이 들어요."

"저도 처음에 비슷한 생각으로 많이 망설였는데 두려움에 미루면 아예 쓸 기회가 없을 것 같더라고요. 그래서 일단 시작했어요. 그리고, 내가 쓴 글이 결국 내 경험이잖아요? 경험을 바탕으로 생각과 메시지를 함께 글로 쓴 게 책이고요. 의외로 그 경험과 생각에 공감해주는 사람들이 많더라고요."

"얘기를 들어보니 조금은 막막한 부분이 해소된 것 같아요. 감사합니다. 나중에 시간이 되면 한번 봬요"

그는 몇 년 동안 책 쓰기와 관련한 강의를 듣고, 상담도 하며 책을 쓰려고 했는데, 진행이 잘 안 돼 고민이 많던 중 내 SNS에서 책을 출간했다는 소식을 보고 전화를 했던 거였다. 한동안 모임에 참석하지 않아 어떻게 지내는지 잘 몰라 SNS를 찾아보니 직장에서 직원들과 함께 독서로 성장하는 강의를 하며 모임을 하고 있었다. 독서 모임에서도 모임을 이끄는 타입이었고, 말도 잘했었다는 기억이 있다. 당시 모임을 할 때면 자료 준비도 많이 하고 이야기도 곧 잘하면서 모임을 잘 이끌었는데 책 쓰기가 어렵다는 말에 조금은 당황스러웠다. 그러나, 이야기를 나누는 과정에서 왜 진행이 안 되는지 알 수 있었다. 그는 너무 잘 써야 한다는 생각이 머릿속에 박혀 그동안 고민만 하며 글을 쓰지 못한 것이다. 서두에서도 말했듯이 잘하려고 하면 할수록 더 어려워지는 것이 글을 쓰는 일이다. 잘 쓰려고 노력하기보다 떠오르는 생각을 자연스럽게 써 나아가는 게 더 잘 읽히고 더 공감되는 글이 된다.

직장에서 입사한 지 얼마 되지 않은 팀원들에게 교육 차원에서 하나의 주제를 주고 각자 자료를 조사하고 정리하여 의견을 담아 제출하라고 한 적이 있다. 제출한 자료를 읽어보니 내용이 거의 비슷하고, 글의 맥락도 이상하며 불필요한 미사여구가 덕지덕지 붙어 있었다. 다들 어디서 그렇게 비슷한 걸 구했는지 대부분 비슷한 모양의 문서 틀에 맞춰 자신들이 조사한 내용과 생각을 틀에 억지로 껴 맞추어 써 놓으니 무엇을 얘기하려고 한 건지 이해하기가 어려웠다. 그중 눈에 띄는 문서가 있었다. 그 문서는 틀에 맞추기보다 주제와 내용을 중심으로 흐름에 벗어나지 않는 범위에서 자신이 생각한 것을 자유롭게 표현해 놓았다. 그리고, 마지막 부분에는 이번 주제에 대한 조사와 실험을 통해 경험한 것을 바탕으로 배운 것과 느낀 것, 고쳐야 할 것 등을 간단명료하게 서술하며 앞으로 팀원들과 어떤 것을 함께하면 좋겠다는 내용으로 마무리가 되어 있었다. 전체적으로 문장 구성은 어설펐지만 자기 생각을 솔직담백하게 표현하여 내용이 술술 읽혔고, 무엇을 말하려고 하는지 알 수 있었다. 그 팀원의 글을 읽으며 그동안 봐왔던 방식이 아닌 새로운 방식의 느낌이 느껴졌다.

보통 직장에서의 글은 일정 형식에 얽매여 있다 보니 독창성이 떨어지는 게 일반적이다. 그러나, 그런 글들은 눈에 잘 들어오지 않는다. 사실만을 나열하는 보고서라면 근거자료의 효과가 있겠지만, 새로운 제안이나 교육을 위한 글은 형식보다는 내용을 전달하는 것에 목적이 되어야 한다고 생각한다. 제안이나 교육할 때는 남들과 똑같은 형식의 글은 전달력도 약하고 차별성도 떨어져 읽은 사람에게 지루함만 줄 뿐이다.

'잘 쓴 글은 어떤 글일까?'

나는 남에게 잘 읽히는 글이 잘 쓴 글이라 생각한다. 글에 어려운 용어를 마구 사용하여 읽고 난 뒤에도 무슨 내용인지 하나도 이해가 안 되고, 기억에 남지 않는 글은 읽는 사람의 관점에서 아무런 가치도 없으며 오히려 시간을 빼앗아 가는 글이 될 뿐이다.

　'남들에게 잘 읽히는 글은 어떤 글이어야 될까?' 이야기가 있는 글이 잘 읽히고 공감도 많이 받는다. 모든 사람은 각자 자신만의 희로애락이 담겨있는 삶을 살아간다. 똑같은 상황에서 똑같은 일을 경험했어도 각자가 받아들이는 느낌과 생각이 모두 다르다. 글을 쓰고 싶지만, 자신은 너무 평범한 인생을 살아왔다는 이유로 글쓰기를 망설이는 사람들이 많다. 그러나, 그건 잘못 생각하고 있다. 평범하다고 생각하는 자신의 인생 경험이 누군가에게는 커다란 교훈으로 전달되기도 한다. 나의 경험과 방법은 그 어떤 곳에서도 찾아볼 수 없는 나만의 유일한 무기이다. 그것을 글로 표현하여 다른 사람에게 읽히는 글이 되는 것이 다른 것과 차별화를 만들어가는 글이 되는 것이다. 결국 가장 나다운 글이 가장 차별화된 글이 된다. 이제부터 평범하다고 생각했던 내 인생의 경험과 내가 알고 있는 방법 등을 부끄러워하지도, 두려워하지도 말고 과감하게 써 나아가길 바란다.

글이 안되는 삶은 없다

역사상 가장 많이 팔린 베스트셀러는 어떤 책일까? 바로 성경책이다. 아마도 대부분 사람이 성경이 제일 많이 팔렸다는 것에 부인하지 않을 것이다. 혹시나 하는 생각에 인터넷에서 검색해봤더니 역시나 성경이 독보적으로 1위를 차지하고 있었다. 정확한 수치는 알 수 없으나 세계 적으로 약 40억 권 이상 팔렸다는 얘기도 있다.

이 외에도 좋은 수많은 책이 있지만, 내가 읽었던 책 중 가장 먼저 떠오른 책을 나열해 봤다. 독서를 꾸준히 하는 사람이라면 대부분 아는 책일 것이다. 독서를 해 본 적 없더라도 자기 계발에 관심이 있는 사람이라면 누구나 한 번쯤은 들어봤을 것이다. 성경만큼은 아니지만 자기 계발 분야에서 역대급으로 많이 팔리고 읽혔을 정도로 유명한 책이다.

성경을 포함하여 유명한 책들의 공통점은 무엇일까? 바로 자신의 직접 경험했거나 다른 사람에게 들은 이야기, 책등 다양한 방법으로 입수한 내용을 바탕으로 한 사례가 들어 있다. 그들이 했던 행동, 말, 심리적 상태, 생각 등을 사례로 들며 전달하고자 하는 메시지를 쓴 책이었다. 저자가 전달하려고 하는 메시지에 '한번 해보자'라는 다짐과 함께 동기부여를 하고, 메시지를 뒷받침해주는 사례에 많은 공감을 얻었다. 조금은 오래된 책을 예를 들어 이야기했지만, 최근에 출간되는 베스트셀러를 읽어봐도 크게 다를 바 없다. 작가 자신이나 다른 누군가의 삶을 이야기로 쓰고, 그 안에서 얻은 소중한 교훈을 다른 이들과 함께 공유하고 싶은 마음으로 쓴 것이 글이고 책이다.

처음 책 쓰기를 하면서 가장 많이 들었던 내용이 사례와 메시지였다. 하나의 꼭지 글(소제목 분량)을 채우기 위해서는 사례와 메시지로 구성해 글을 써야 한다는 말이었다. 꼭지 제목을 정하고 내용을 쓰려고 보니 떠오르는 사례가 없었다. 제목에 어울리는 사례를 찾기 위해 나는 사방팔방 인터넷을 검색했다. 한참을 검색하며 결과를 살펴봤지만, 제목과 어울리는 사례를 찾아내는 게 어려웠다. 책을 읽을 때는 몰랐는데, 직접 쓰려고 하니 사례를 써나가는 게 쉬운 일이 아니라는 걸 알게 되었다. 그렇게 며칠을 고민하다 외부에서 찾지 말고 내부에서 찾아보자며 나의 과거를 하나둘씩 떠올리기 시작했다. 최근에 있었던 일부터 떠올리며 생각을 점점 더 과거로 보냈다.

내 인생에 초점을 두기 시작하니 조금씩 하고 싶은 이야기와 비슷할 것 같은 경험들이 떠올랐다. 그 생각들이 잊히기 전에 글을 써 나아가기 시작했다. 글을 쓰다 보니 더 많은 경험이 떠올랐고, 그 안에서 반성과 다짐이 반복적으로 일어나며 다양한 사례들과 하고 싶은 이야기가 계속해서 생각났다. 뭘 써야 할지 몰라 한참을 쓰지 못한 글을 내 인생과 삶에 초점을 두니 신기하게도 글이 써졌다.

글을 쓰고 싶거나 쓰려고 마음을 먹었는데 뭘 써야 할지 모르는 사람이 있다면 글의 소재를 외부에서만 찾으려 하지 말고, 내부인 자신의 인생에서도 한번 찾아보길 권한다. 자신이 그동안 살아온 인생도 하고 싶은 이야기와 비슷한 경험이 분명히 있을 것이다.

어릴 적 동네 어르신들과 대화하다 보면 버릇처럼 하시는 말이 있다. 바로 "내가 살아온 인생을 책으로 쓰면 수십 권은 된다."라고 말이다. 고생을 많이 하며 살아왔다고 생각하시는 분들일수록 그 말을 더 많이 하신다. 그때는 '책은 똑똑하고 많이 배운 사람들이나 쓰는 거지'라며 그저 우스갯소리라 생각했다. 그런데, 지금 돌이켜보면 그분들의 파란만장했던 인생을 책으로 만든다면 정말 수십 권의 책이 될 수도 있겠다는 생각이 든다.

사람들 대부분이 잠들어 있는 이른 새벽 "징~ 징~" 나의 휴대전화기가 진동을 시작한다. 휴대전화기가 나에게 그만 자고 잠에서 깨라는 신호를 보낸다. 눈을 뜨고 휴대전화기가 있는 곳으로 손을 뻗는다. 휴대전화기의 시간을 보니 5시를 가리키고 있었다. 졸린 눈을 비비고 누운 상태에서 기지개를 켠다. 온몸에 전율이 퍼지면서 몸이 깨어나고 있는 기분을 만끽한다. 내 나이 마흔이 훌쩍 넘어 잠자고 벌떡 일어나면 관절에 무리가 간다는 얘기에 누운 상태에서 가볍게 스트레칭을 하며 밤새 굳어 있던 몸을 푼다.

자리에서 일어나 주방으로 발걸음을 옮긴다. 커피포트에 물을 끓이고 오늘도 새벽 시간을 맞이할 수 있음에 감사해하며 어둑어둑한 창밖의 풍경들을 바라본다. 커피포트에 물 끓는 소리에 풍경 감상을 멈추고 커피를 담은 텀블러에 뜨거운 물을 붓는다. 김이 모락모락 올라오는 텀블러에 코를 대고 향기로운 커피 향을 한번 맡아본다. 향기로운 커피 향과 함께 다시 창밖을 바라보며 '오늘은 어떤 일이 있을까?'를 잠시 생각한다. 겨울에 접어드는 시기라 창밖의 풍경은 가끔 지나가는 차들과 가로등, 아파트에서 내뿜는 불빛들 그리고 저 멀리 보이는 바닷가의 희미한 모습들 뿐이다. 잠깐 잠겨있던 생각에서 빠져나와 커피를 들고 방으로 들어와 책상에 앉아 책을 편다.

새벽은 주로 성공학, 자기관리, 자기 계발과 같은 의식을 다루는 책을 읽는다. 읽다가 마음에 와닿은 문장이 발견되면 밑줄을 긋는다. 밑줄 그은 문장을 다시 한번 읽으며 떠오르는 생각을 적어나간다. 책의 문장과 함께 생각을 적은 글은 가장 먼저 내가 읽는다. 글을 읽으면서 오늘 하루를 어떤 마음가짐으로 보낼 것인가를 생각하며 SNS에 작성한 글을 올린다. SNS에 올라간 글의 반응을 살피며 집 앞에 있는 헬스장으로 이동한다.

헬스장에 도착하여 몸을 이리저리 돌려가며 가벼운 스트레칭으로 몸의 관절을 풀어준다. 러닝머신에 올라가 한 걸음 한 걸음씩 걷기 시작한다. 걸으면서 오늘은 어떤 프로그램을 감상하며 달려볼까 생각하며 러닝머신 앞에 있는 TV 채널을 이리저리 돌린다. 관심이나 호기심이 생긴 채널이 있으면 고정하고 그렇지 않으면 TV를 끄고 러닝머신의 속도를 올려 달리기를 시작한다. 1시간 정도를 달린 뒤 집에 돌아와 샤워하고 간단한 식사와 함께 하루를 시작한다.

나의 새벽 루틴은 이렇다. 특별한 일정이 생기는 경우를 제외하고는 거의 매일 새벽에 이 루틴을 실천한다. 아주 특별해 보이는 것은 없다. 그러나, 나의 이 평범해 보이는 일상이 꾸준하게 새벽 기상을 유지 할 수 있게 만든 비결이기도 하다. 오히려 새벽에 일어나 특별한 뭔가를 계획하고 실천하려고 하면 할수록 지켜내기가 어려웠다. 이렇게 나의 이런 평범한 일상이 때로는 누군가에겐 특별한 일상으로 비치기도 한다. 특히, 새로운 꿈을 위해 새벽 기상을 계획했던 사람들에게 나의 새벽 일상은 하나의 자극제가 되는 역할을 하기도 한다. 이렇게 평범하다고 느껴지는 삶도 누군가에겐 자극을 줄 수 있는 특별한 삶이 된다.

평범하지만 평범하지 않은, 매일 똑같은 일상인 것 같지만 그 안에 작은 변화가 생기는 것이 우리의 삶이고 인생이다. 인생은 시간의 흐름 속에서 만들어지는 한 사람의 이야기다. 인생을 살아가면서 평범했던 경험도 있고, 특별했던 경험도 존재한다. 사람들은 보통 자신의 인생에서 특별했던 한순간만을 기억하고 있지만, 그 순간 또한 시간의 흐름 속에서 연결되는 삶이다. 이러한 순간과 평범하게 보이는 순간들이 연결되면 또 하나의 이야기가 탄생한다. 누구나 자신만의 삶이 있고 자신만의 이야기가 분명히 있다. 평생 굴곡 하나 없는 평탄한 삶을 살아가는 사람은 아무도 없다. 많은 이들이 평범한 삶을 살았다고 하나 기억하지 못할 뿐 자신의 인생을 돌아보면 모든 이가 파란만장한 삶을 살다 간다. 다만, 먼 훗날 돌아보면 기억에 남는 것이 있고 없고의 차이일 뿐이다. 때로는 경험한 것을, 때로는 자신만의 방법을 누군가에게 말하고 싶을 때가 있다. 글은 하고 싶은 말을 소리에서 문자로 표현한 것이다. 또한, 누군가에게 하고 싶은 이야기를 문자로 표현하는 것이다. 평범하다고만 생각했던 인생도 누군가에게는 공감과 교훈이 되기도 한다. 만약, 글을 쓰고 있거나 쓰려고 마음먹었다면 자신의 주변부터 잘 살펴보길 바란다. 내 인생이 곧 글을 쓰기 위한 재료이다.

글쓰기! 삶의 해답을 만나다

'삶에 정답이 있을까?'

정답이란 문제에 대해 모든 사람이 이해하고 인정하는 단 하나의 정확한 답을 말하는 것이다. 사람은 누구나 자신만의 삶을 살아간다. 세상은 수많은 사람이 존재하고, 각자 자신만의 생각으로 살아간다. 그 수많은 사람의 삶 속에서 발생하는 다양한 문제와 문제를 해결하는 단 하나인 정답이 존재할까? 나는 삶에 정답은 없다고 생각한다. 그러나, 삶에 해답은 있다. 해답은 문제를 해결할 수 있는 답이다. 문제를 해결할 수 있는 답은 수없이 많이 있다. 그렇기에 삶에는 분명 해답이 존재한다.

평일 아침 시끄럽게 울리는 알람 소리에 잠에서 깨어 알람을 끄고는 누운 채로 고민이 시작된다.

'조금만 더 잘까?'

'어제 마신 술이 아직 덜 깼는데…'

'아, 회사 가기 싫다. 회사 안 가고 편하게 놀고먹으면서 살 수는 없나?'

'오늘 몸 아프다고 하고 출근하지 말까?'

수많은 고민과 달콤한 유혹을 뿌리치고 일어나 시계를 보면 '헉! 벌써 시간이 이렇게 됐네?' 하며 허둥지둥 출근 준비를 하고 정신없이 집을 나선다.

'오늘은 왜 다른 날 보다 더 사람이 많은 것 같지?'

'어제 마신 술기운에 몸이 천근만근인데 사람도 엄청나게 많네.'

'어디 기댈 곳은 없나?'

'아, 힘들다…'

콩 시루 같은 지하철에 몸을 싣고 그렇게 회사까지 2시간 정도를 간다. 간당간당하게 회사에 도착하니 다들 출근해서 자리에 앉아 일하고 있다. 가볍게 인사를 하고 조용히 내 자리로 가서 컴퓨터를 켜니 어제 미뤄뒀던 일들이 산더미처럼 쌓여있다. '일은 일이고 회사업무의 시작은 모닝커피부터지'라고 생각하며 탕비실에 가서 커피믹스 한 잔 타서 자리로 돌아와 한 모금 마시려고 하는데 '긴급회의'라며 호출이 들어온다. 회의 시간 내내 상사의 질타를 듣고, 마지막에 쏟아지는 수많은 지시사항을 받아 적고 나오니 점심시간이 다 되었다. 팀원들과 거리로 나와 뭘 먹을지를 고민한다. 특별히 먹고 싶은 게 떠오르지 않아 아무 생각 없이 근처 뷔페식당으로 발걸음을 옮긴다. 뷔페식당의 가성비가 제일 좋다. 서울 강남에서 웬만한 음식은 만원이 넘는다. 양도 푸짐한 것도 아니고 맛이 기가 막힌 것도 아닌데 가격은 하늘을 찌른다. 점심을 먹고 팀원들과 가성비 좋은 커피숍에서 앉아 가십거리를 찾아 수다를 떤다. 점심시간이 끝나 사무실로 복귀해서 할 일을 살핀다. 미뤄둔 일과 오늘 받은 새로운 업무들을 보니 한숨이 절로 나온다.

'이걸 언제 다하나…'

일을 몇 개 끝내니 퇴근 시간이다. 특별한 약속이 없어 집에 가려고 정리하는데 친한 동료에게 메시지가 온다.

"나 오늘 스트레스 좀 받았는데 스트레스도 풀 겸 한 잔 콜?"

"… 알았어."

'어제도 고객이랑 진탕 마셔서 힘든데…' 거절을 잘 못 하는 나는 힘들었지만, 마지못해 승낙하고 약속 장소로 이동한다. 그렇게 동료를 만나 늦은 시간까지 술을 마시며 상사 험담, 부하직원의 태도 불량 등 직장생활을 하며 겪는 여러 가지 불만에 대해 열변을 토하고 지친 몸으로 지하철을 타고 집에 들어와 뻗어버린다. 그렇게 매일 비슷한 일상으로 한 주를 버티면 주말이 다가온다. 주말은 일주일간 쌓인 피로를 풀어야 한다며 온종일 잠자고 텔레비전 보는 게 전부였다. 가끔 아이들과 놀아주려고 노력하지만 얼마 못 가 아내에게 애들을 맡기고 도망치듯 방으로 들어간다.

약간의 차이는 있지만 몇 년 전까지만 해도 나의 일상은 이랬다. 아마도 많은 직장인이 나와 크게 다르지 않은 일상으로 살아가고 있을 것이다. 회사가 나를 평생 먹여 살리지 않는다는 생각에 가끔은 자기 계발하겠다고 남들이 하는 독서, 운동 등을 열심히 계획하고 실천하려 노력했지만, 며칠을 못 가고 금방 제자리로 돌아왔다. 그렇게 시간이 흐르고 나이는 점점 차 올라갔다. 마흔이 넘어가니 몸에도 이상 신호가 조금씩 나타나기 시작했다. 아직은 젊다고 생각하며 별거 아닌 양 무시하며 살다 어느 날 움직이기 힘들 정도의 건강 이상으로 병원에 입원하게 되었다. 병원에 입원하는 동안 수많은 생각들이 떠올랐다.

'몸을 움직일 수가 없으니 엄청 불편하고 답답하네'

'가만 앞으로 계속 이렇게 움직이지 못하고 누워있게만 되면 어떡하지?'

'모아놓은 돈도 없는데 가족들은 뭐로 먹고살지?'

'이러다 죽으면 가족들은 누가 책임지지?'

'아직 아이들이 어린데…'

불편하다고 느꼈던 별거 아닌 작은 생각이 몸을 움직일 수 없다는 것에 점점 복잡하고 심각한 생각으로 확대되어 갔다. 다행히도 심각한 상황은 아니라서 짧은 시간 동안 입원하고 퇴원했지만, 병원에 누워있는 동안 '더는 이렇게 살아서는 안 되겠다', '변해야 한다.', '과거의 모습에서 달라져야 한다'라는 다짐하게 되었다. 퇴원하고 난 뒤 본격적으로 책을 읽기 시작했다. 예전엔 시간이 없다는 핑계로 업무에 필요한 서적 말고는 책을 거의 읽어 본 적이 없었던 내가 대중교통으로 출퇴근하면서 책을 읽었고, 책을 항상 손에 들고 다니면서 틈나는 대로 책을 읽었다. 그렇게 책을 읽으면서 생활의 변화가 조금씩 생겨났지만, 어느 정도 시간이 흐르자 변화에 한계가 찾아왔다. 책의 깊이를 알지 못하는 겉핥기식으로 독서하고 있었던 걸까? 분명 책을 열심히 읽고 있는데 뭔가 부족함이 계속 느껴졌다. 그리고 생활은 다시 예전의 모습으로 조금씩 돌아가고 있었다. 이런 식으로 책만 읽어서는 더 변화되지 않겠다는 생각에 고민이 깊어졌다. 그러던 중 공저 책 쓰기 프로젝트를 만났다. 공저 프로젝트를 하는 동안 책을 쓰기 위해 머릿속을 쥐어 짜내며 고생했지만 써가는 과정에서 나를 알게 되었다. 또한, 필사를 통해 읽는 독서에서 쓰는 독서로 책 읽기에도 변화가 일어나며 책을 깊이 있게 읽게 되었다. 읽기만 했을 때는 알지 못했던 책 속의 지혜와 진리들이 눈에서 머릿속으로 들어오게 되었다. 공저프로젝트가 끝난 뒤에도 나는 계속 글을 쓰고 있다. 나의 글이 책으로 만들어질지 블로그나 인스타 등에 언제까지 남아 있게 될지는 모르겠지만, 나는 계속 글을 쓰면서 내 안에 깊은 곳에 있는 나와 대화하며 나의 삶을 만들어가려 한다. 글쓰기로 나는 삶의 또 다른 길을 찾았다. 이 길이 내 인생의 정답이 아닐 수 있다. 그러나, 막연하기만 했던 내 미래에 대한 문제의 해답 하나를 찾았다.

인생은 삶의 해답을 찾아가는 여정이다. 인생이라는 기나긴 여정 속에서 어떻게 살아가야 할지 몰라 답을 찾지 못하고 있다면 글쓰기부터 시작해보자. 조금씩 천천히 글을 쓰다 보면 자신 안에 존재하고 있는 다른 차원의 자신이 말을 걸기 시작할 것이다. 글쓰기는 자신과의 대화이다. 내 안의 또 다른 자신과의 대화를 통해 과거에 나는 어떤 삶을 살았고, 내가 가진 것은 무엇인가를 깨닫는 순간이 찾아올 것이다. 이 세상 그 누구보다 내 편이 되어 줄 자신을 깊이 있게 들여다보며 단단한 나를 만들어 과거의 나보다 더 나은 삶의 질을 만들어가는 해답을 찾길 바란다.

제3장
글 쓰면 달라진다

김경부

글 쓰면 달라진다

"사람들은 달라지고 싶어서 도전한다."

'다이어트를 해야지.' 하고 마음만 있을 뿐 실천을 못 하고 있었는데 우연히 '100일 다이어트 챌린지'를 한다는 공지글을 보게 되었다. 혼자가 아닌 함께 하면 무언가 해낼 것 같아서 등록을 해버렸다. 하루에 세 가지를 꼭 해야 한다고 한다. 아침에 따뜻한 물에 소금을 타서 매일 마시고, 자신이 먹은 식단을 아침, 점심, 저녁 적고 매일 20분 이상 운동을 한다. 이제 70일을 맞이하면서 체중 감량 5kg에 성공하고 있다. 내가 무얼 먹고 있는지 빠짐없이 적어야 하고 하루에 운동한다는 생각이 의식 속에 들어와 버려 지켜지게 된다. 그리고 최종 내가 왜 다이어트를 해야 하는지 분명한 목표가 있었다. 훌라댄스 공연 때 예쁘게 드레스를 입고 싶었다. 무대에서 한결 가벼운 몸으로 춤을 추고 있는 내 모습을 상상하며 달라진 모습을 기대했다. 다이어트를 통해 달라진 몸의 변화를 느끼고 싶었다.

매년 새로운 해가 오기 전 다양한 트렌드 책을 산다. 무언가 달라지는 변화가 궁금해서 알고 싶기 때문이다. 또 새해의 결심을 새 다이어리에 적기 시작한다. 못다 해본 일들을 기필코 하고 말겠다는 굳은 결심을 하고 꽉 찬 계획과 일정들을 적어둔다. 그것은 조금 더 다른 일상을 바라는 마음이다. 달라진다는 것은 예전과 다르게 살고 싶은 욕망에서 시작된다. 오랜만에 만난 사람이 "예뻐지셨어요. 살이 빠졌는데요 요즘 무슨 좋은 일이 있으세요." 하며 인사를 나눌 때 그냥 기분 좋아지라고 하는 말이라도 들을 땐 기분이 좋다. 그만큼 달라 보인다는 것은 누구든 기분 좋게 만든다. 외적으로 느껴지는 달라짐 뿐만 아니라 내면의 변화는 더 중요한 것 같다. 내면의 변화는 잘 보이지 않지만, 글을 쓰면서 느껴진다. 나도 모르게 달라진 내면의 변화가 무엇인지 생각해보았다.

첫 번째, 내 감정을 잘 표현하게 되었다.
글은 누군가에게 이야기하듯 쓰게 된다. 그것이 내 자신이든 글을 읽는 다른 사람이든 상관없이 쓰게 된다. 장녀로 태어나 세 명의 동생들이

어리광을 부리며 재잘거릴 때 내 이야기를 할 시간이 줄어들었다. 맞벌이하던 부모님은 동생들의 이야기를 먼저 들어야 했기 때문에 나는 언제나 내 이야기를 하기보단 동생들의 이야기를 들어주고 맞장구쳐주는 사람이었다. 이것이 어느 순간 익숙해졌고 그렇게 커갔다. 그러다 보니 사람들에게 내 이야기를 잘하는 편이 아니다. 그렇다고 소극적인 편도 아니다. 발표도 하고 리더십을 발휘할 수는 있었지만, 감정표현에 서툴기는 여전했다. 그것은 감정을 자유자재로 표현할 방법을 몰랐고 그 기회도 없었다. 하지만 글을 쓰면서 글이 나의 친구처럼 느껴졌다. 그리고 내가 말하고 싶은 대로 쓰고 있다. 속상한 일이 있으면 속이 상한 대로 기쁜 일이 있으면 기쁜 감정을 그대로 글로 표현한다. 꼭 들어주는 대상이 없어도 내가 느끼는 감정들을 소중히 여기고 기억하는 나로 변화되고 있다.

　두 번째, 결정하는 힘이 생겼다.

　언제부터인가 심플해진 아침을 맞이한다. 일어나서 거울 보고 나에게 웃어주며 물 한 모금 마시고 필사를 시작한다. 글을 한자씩 타이프를 치면서 글의 내용에 빠져들 때도 있지만 무언가 생각할 때가 있다. 하루의 일정들을 생각할 때도 있고 느낀 점을 어떻게 쓸까? 내 손은 계속 타이프를 치고 있지만, 머릿속은 여전히 무언가 곰곰이 생각하고 있다. 그리고 필사를 마치고 고민할 것도 없이 무엇을 써야 할지 결정을 하고 글을 쓰게 된다. 하루하루 반복을 하다 보니 무언가 결정을 할 때 단순해진다. 그것이 어려운 결정이든 쉬운 결정이든 말이다. 왜 그럴까 생각해보니 글을 쓰면서 나를 믿어주는 성향이 강해진 것 같다. 결정한 것이 옳았을 때는 기꺼이 칭찬한다. 실패하더라도 하나의 경험이라고 여기고 위로를 해준다. 누군가 내가 내린 결정에 딴지를 걸고 비판하고 평가하는 것에 대한 두려움이 있었다. 눈치를 보기가 일쑤였다. 하지만 글을 쓰면서 자유로워졌다. 내 결정을 수용하면서 따라간다.

세 번째, 글로 인해 위로와 용기를 받는다.

퇴사한 이후 매일 함께했던 공동체가 없어졌다. 갑자기 혼자만의 외로운 질주를 해야 했다. 시간의 자유로움을 스스로 통제해야 하고 계획을 하면서 하나하나 혼자 만들어 실행했다. 다양한 경험과 생각을 매일 인스타그램에 사진과 함께 글을 올렸다. 그럼 공감하면서 댓글을 달거나 '좋아요'를 눌러준다. SNS라는 또 다른 공동체에서 내가 하는 일을 소통하는 기분이 든다. 물론 '좋아요'가 온전히 나를 평가한다고 보진 않는다. 하지만 사람들과 작은 소통으로 인해 작은 웃음을 지을 때가 있다. 그리고 온라인으로 맺어진 인친에게 매일의 사소한 일상들을 공유하면서 세상이 어떻게 변화되어가는지 배워갈 때가 많다. 생각의 소통은 결국 글을 통해 이루어진다. 글을 통해 서로의 감정들을 이해해 간다. 글에 실린 나의 진심을 이해하는 사람에게 자신감을 찾는다. 사람들이 사는 방식은 다양하다. 누군가는 그걸 왜 굳이 그렇게 밝힐 필요가 있냐고 말할 때가 있다. 그게 싫어서 SNS를 안 한다는 사람도 있다. 꾸며진 설정과 왜곡된 표현은 지양해야겠지만 글을 쓰면서 정리가 된다. 하루의 일과 중에 한 부분을 조명하며 내가 느낀 감정들을 그곳에서 글로 정리한다. 감사하고 또 새로운 다짐들로 마무리를 한다. 그것을 통해 확신과 위로와 용기가 생긴다.

네 번째, 실천력이 좋아진다.

글을 쓰는 나만의 도구, 노트북이 생기니 카페에서 글을 쓰는 꿈이 생겼다. 친구들과 만나 커피 마시며 수다를 한 장소인 카페에서, 혼자, 나만의 시간에 글을 쓴다. 드디어 설레는 마음으로 실행하게 되었다. 글을 쓰는 것만으로 새롭게 시작한 변화가 생겼다.

대부분, 글을 쓰기 전 '내가 무슨 글을 쓴다고 내가 무슨 작가야' 하며 자신을 믿지 못한다. 시작하지 못하는 것은 밀려오는 좌절과 남의 시선을 의식한 두려움에서 비롯된다. 하지만 다른 사람들은 그렇게 남의 일에 관심이 없다. 그저 툭툭 말하는 것에 너무 신경을 쓰는 바람에 실행조차 엄두를 내지 못한다. 하지만 무엇이든 한 번만 해보면 할 수 있다. 그리고 그것이 쉽다는 것을 느낀다.

글을 쓰면서 달라지고 있다는 확신이 든다. 글이 친구가 되어 나의 감정들을 잘 받아주고 있으니 감정들을 조목조목 표현할 수가 있다. 그러면서 감정도 건강해진다. 다른 사람들에게 이야기하듯 풀어낼 때 부작용을 최소로 할 수 있다. 글이란 몇 번의 정화과정이 있으므로 실수를 최소로 할 수 있는 좋은 점이 있다. 글을 쓰면서 옳고 그름에 대한 자기반성과 생각을 하면서 결정을 하는 데 도움을 준다. 생각을 단순하게 하도록 정리를 하기 때문이다. 그리고 결정하면서 걱정이 적다. 언제나 글은 내 편이기 때문이다. 글이 주는 편안함과 용기야말로 내 생각을 드러낼 수 있다. 나는 달라지고 있다. 성장하고 있다. 결국, 글을 쓰면서 도전하면서 실행하고 글을 쓰면서 다듬어간다.

일정한 시간을 정하고 쓰라

일정한 시간을 정해놓는 것은 약속한다는 의미이다. 중요한 일이 있을 때 시간을 정해놓는다. 그래야 규칙적으로 할 수 있기 때문이다. 아침, 점심, 저녁, 식사 시간을 정해놓지 않으면 잘 먹지 못한다. 정해진 시간에 식사해야 건강을 유지할 수 있으므로 정해놓고 지키려 사람들은 노력한다. 그뿐 아니라 약을 먹을 때도 적정한 시간이 정해져 있다. 그것은 효율성을 높이기 위함이다.

'글쓰기는 어떨까?'

'글이 잘 써지는 시간이 있을까?'

내 경우는 아침에 눈을 뜨자마자 1시간 정도 필사를 하고 그다음 글을 쓰는 데 집중이 잘 된다. 잡념이 없다고 할까? 생각나는 대로 그냥 써진다. 어느 날 오후에 쓰려고 하니 몇 자 쓰지도 않았는데 전화가 오고 문자가 오는 바람에 쓰고자 했던 내용이 연결되지 않는 경우가 있었다. 대부분 새벽 시간을 이용하는 편이 훨씬 집중이 잘 된다. 아무도 방해하지 않는 시간이기 때문이다. 그래서 되도록 지키려고 노력하는 편이다. 글을 쓸 때 시간에 쫓기게 되면 의무적으로 적는 경향이 있다. 그래서 충분한 시간을 확보하고 글을 쓰는 것이 몰입하는 데 좋다. 적어도 1시간은 필사하고 1시간은 글을 쓰는 시간으로 미리 정해놓는다. 일정한 시간을 정해놓고 글을 쓰면 효율적으로 글을 쓰게 된다.

　오래전 행운목 화분을 선물 받았다. 주 1회 일정한 시간에 물을 준다. 어찌나 잘 자라는지 한 잎, 두 잎이 무성하게 자라 언제나 푸르름을 선물해 준다. 잘 자라준 행운목이 대견해서 빠뜨리지 않고 물을 주게 된다. 여행이라도 가서 때를 놓쳤을 때는 잎이 바싹 마른 것이 물을 달라고 재촉하는 느낌이 들었다. 얼른 물을 준다. 화분이 자라나는 것처럼 무언가 일정하게 꾸준히 한다는 것은 중요하다. 글쓰기 솜씨가 어떠하든 계속하고 있으면 이 식물이 자라나는 것처럼 좋아질 것 같다. 그리고 일정한 시간을 정해서 매일 글쓰기를 하고 있으면 글을 잘 쓰는 사람이 되진 않을까 기대가 된다. 잠시 멈추면 글을 쓰는 것이 어색하게 느껴진다. 언제부턴가 글쓰기가 나의 일상에 자양분이 되었다. 한 줄이라도 매일 쓰는 것과 안 쓴 것에는 많은 차이점이 있다. 매일 쓰다 보면 자기도 모르게 한 줄이 두 줄 되고, 두 줄이 세 줄이 되어 점점 늘어나는 것을 느낄 수 있다. 자신도 모르는 사이에 쓸 이야기들이 생기게 되고 자연스럽게 만들어진다. 매일 글쓰기는 나의 생활을 바꾸어 놓았다. 매일 쓰기 때문에 부담 없이 쓰는 습관이 만들어진다.

일정한 시간을 정해놓고 글을 쓰면 마음부터 달라진다. 무언가 하루의 일과 중 아주 중요한 일을 하는 느낌이다. 작가가 되어 글을 쓰는 것처럼 내 환경의 일부가 되고 나를 자연적으로 책상에 앉게 한다. 그리고 글 쓰는 시간을 어떻게든 확보하려고 한다. 적어도 몰입할 수 있는 하루 두 시간이라는 글쓰기 시간, 이것이 누적되면 엄청난 효과를 만들어 낼 수 있다고 생각한다. 그리고 내가 스스로 대견해진다. 매일 매일 반복하다 보면 무언가 이루어가는 뿌듯함에 아침이 든든해진다. 그래서 글을 쓰는 시간이 자연스럽게 하루 루틴이 되고 나의 일부가 된다.

강사를 파견하는 업체에서 전문경영인으로 관리하던 때이다. 코로나 19가 한참일 때 방역을 철저히 하기 위한 이유로 몇 개월 문화센터 문을 일시적으로 닫을 때가 있었다. 한 번도 생각하지 못한 상황에 당황하고 어떻게 해결해야 할지 어떻게 유지해야 할지 암담해졌다. 강사들이 나가서 수업할 곳이 하나도 없다는 것은 회사로서는 더욱 힘든 상황이었다. 수입이 없어지고 미리 제작한 수업교재와 소품들은 그대로 방치되어 있었다. 이 상태가 언제 끝이 날지 아무도 알 수가 없는 상황이 오래되었다. 그래서 살아남을 방법을 찾아야 했다.

그나마 밀려오는 불안함과 두려움을 붙잡을 수 있었던 것은 일어나자마자 했던 나의 루틴 덕분이다. 새벽에 빠뜨리지 않고 했던 것이 새벽 기도였다. 그리고 집에 돌아와 글을 썼다. 책을 읽고 느꼈던 것, 자연을 보며 생각나는 것들을 반복해서 블로그에 적기 시작했다. 글을 쓰게 되면 읽게 되고 읽은 것을 기억했다. 밑바닥까지 가 있는 마음의 조각을 자꾸 끌어 올려주려고 계속 희망의 메시지, 긍정의 힘을 찾았다. 그것이 루틴이 되어 내 생활의 중심이 되어 있었다. 몇 해가 지나 코로나가 점점 사그라들려 할 때 또 한 번의 위기가 왔다. 점점 악화한 상황에서 나는 정들었던 회사에서 나왔다. 그렇지만 여전히 글을 쓰고 있어서 다행이었다. 그나마 마음의 중심을 잡을 수 있었기 때문이다.

작가가 되고 싶다는 꿈이 생겼다. 우연히 책 쓰기 그룹에 신청했다. 왜냐하면, 혼자 막연하게 글을 쓰는 것보다 글을 쓰려면 배워야 한다는 생각이 들었다. 그래서 글을 쓰는 시간을 유지하고 싶었다. 그리고 내가 쓰는 글이든, 남의 글을 쓰든, 매일 글을 쓴다는 것이 중요하다는 것을 알았다. 새벽 시간에 시작한 것이 필사와 느낀 점을 쓰는 것이었다. 전에는 출근하기 전 2시간이 나에게 주어진 자유시간이었다면 이제는 내가 정한 시간이 나의 시간이 되었다. 좀 더 효율적인 시간 관리를 해야 매일의 나날들이 의미가 있다. 그리고 시간의 창조자가 된 나는 더 핵심적인 하루의 일과를 중심으로 뼈대를 만들고 자유롭고 편안하게 시간을 안배하기 시작했다. 처음에는 매일 출근하는 시간에 집에 있는 것이 어색했다. 약간의 불안도 있었다. 그래서 근무시간을 중심으로 나의 일상을 짜기 시작했다. 점심시간엔 점심을 먹고 퇴근 시간에 일을 마치는 것으로 회사의 시간표대로 나의 일정을 만들기도 했다.

본격적으로 글쓰기 위한 환경을 만들었다. 여기저기 흩어있던 책들을 커다란 책꽂이에 두어 언제든지 생각나는 책을 찾아서 볼 수 있도록 했다. 편안한 나의 공간이 생겼다. 그리고 글을 쓰기 위한 장비 노트북이 언제나 그 자리에서 나를 기다리고 있다. 매일 매일 일정한 시간에 글을 쓸 때는 잡념이 없어지고 행복하다. 낯선 나의 현실의 변화를 여전히 체감하고 있지만, 매일매일 반복하면서 글을 쓰고 있다. 새벽에 일어나 1시간 필사하고 1시간 글을 쓰는 시간은 나에게 매일의 새로운 활력소가 된다.

글을 쓰면서 달라졌다. 일정한 시간을 정해놓고 글을 쓰고 있다. 내가 해야 할 일이 있다는 것은 어떤 책임감도 생기고 그것을 이루었다는 조그마한 성취감이 있다. 네 권의 책을 필사하면서 횟수가 늘어날수록 '쓰니까 되네! 할 수 있네!' 하며 쓴 만큼 나를 믿어주게 된다. 만약 그냥 생각날 때마다 글을 썼다면 조금 귀찮아지기도 하고, 바쁘거나 시간을 놓쳤을 때 뜨문뜨문 글을 쓰게 되었을 것이다. 그런데 시간을 정해놓고 글을 쓰니까 꼭 지키려고 하는 의지가 생긴다. 만약 그날 여행을 가거나 일찍 교육을 가게 되어 못했을지라도 꾸준하게 지켜나갈 수 있는 나의 루틴이 되었다. 그것이 자연스럽게 나의 몸에 배어있다. 글을 쓰는 시간이 압박이 아니라 생활의 일과처럼 느껴졌다. 글쓰기는 하루에 내가 해야 할 일에 포함되어 있어서 자연스러워졌다. 글을 쓰기 시작하면 나는 작가라는 의식이 자연스럽게 생긴다. 그리고 일정한 시간을 정해놓고 글을 쓰는 것이 당연해졌다.

잘 쓰든 못쓰든 상관하지 마라

클래스를 신청했다. 꽃으로 머리에 쓰는 화관을 만드는 수업이다. 하와이에서는 환영의 뜻으로 꽃목걸이를 만들어 걸어 주는 것이 전통이라고 한다. 춤을 출 때 장식으로 꽃을 이용해 머리 화관, 목걸이, 머리핀을 두르는데 생화는 보관이 어려워 주로 조화장식을 한다. 평소에 꽃을 좋아하기 때문에 클래스 신청을 했지만 "한 번도 해보지 않아서 할 수 있을까?" 걱정되었다. 괜스레 못하면 창피하고, 오랫동안 했던 사람과 비교도 될 것 같았다. 하지만 걱정보단 하고 싶은 생각이 더 커서 선뜻 신청했다.

아름드리 색이 고운 수국꽃이 준비되었다. 나는 연보라색을 선택해서 지도하는 순서대로 만들기 시작했다. 작은 꽃송이를 줄기마다 하나하나 분리하고, 7송이 정도의 꽃잎을 모아 라피아 끈에 하나씩 심듯 끈으로 말기 시작했다. 꽃 속에 숨어있는 보라색 꽃을 보며 예뻐서 자세히 보았다. 꽃을 꺾지 않고 살금살금 작은 꽃들도 살리려고 애써서 돌리며 만들었다. 저절로 미소가 지어졌다. 귓가에 들리는 좋아하는 하와이 음악에 흥얼거렸다. 손으로 살아있는 꽃들과 대화하듯 쳐다보고 코로는 은은한 향기를 맡으면서, 그 시간에 앉아있는 나는 아름다워지고 착해지는 느낌이 들었다. 반복해서 작업하고 나니 어느새 완성되어 갔다. 하나둘씩 모두가 완성한 화관을 머리에 두르며 사진도 찍고, 훌라댄스를 추는 모습을 감상하며 하나의 소박한 꿈을 이루었다.

처음으로 생화로 만들었던 그 시간, 해보지 않으면 알 수 없는 경험이다. 이제 또 다른 꽃으로 다른 화관을 만들 때도 주저하지 않고 만들 수 있는 마음이 생겼다. 화관을 전문적으로 예쁘게 만드는 고수들도 있겠지만, 내가 선택한 꽃을 가지고 나만의 화관을 만들었다는 것이 의미가 크게 느껴졌다. 그리고 '분명 오래된 고수도 처음은 있었을 거야. 나도 처음이니 괜찮아!'하는 마음으로 시작을 해본 것이 해보지 않으면 몰랐을 세계를 맛보았다.

글도 마찬가지이다. 처음 글을 쓰기 시작할 때, 마음에는 '내가 어떻게 쓸 수 있었을까?' 생각이 들었다. 대단한 업적이 있고, 많이 배운 사람만이 글을 쓰는 것으로 생각했기 때문에 엄두를 내지 못했다. 하지만 글쓰기는 어떤 특별한 사람의 소유물이 아닌 모든 사람이 할 수 있는 작업이다. 그래서 더욱 무조건 써보면 알 수 있다.

갓 취업하고 6개월이 되어가는 시점에서 딸이 물어본다.

"지금 하는 이 일이 내게 맞는지 모르겠어요."

"처음엔 호기심에 열심히 다녔는데"

"지금은 조금 알 것 같은데, 막상 이 일을 계속해야 하는지"

"모르겠어요."

하며 고민을 이야기한다.

'왜 일을 해야 하는지?', '왜 꼭 그 일을 해야 하는지?' 항상 의문점이 생기는 시기이다. 그 정답을 알아서 하는 사람은 없다. 나 또한 일하면서 고민을 했지만 일을 할 수밖에 없는 상황이었다. 그래서 일에 대한 의미를 만들어갔다. 일에 관련된 책을 수없이 읽고, 생각을 정리하면서 글로 다독여 왔다. 자기 일에 대한 확신은 그 일에 주체가 누구냐에 따라 달라진다고 생각한다. 그 일에 대한 가치를 충분히 느낀다면 힘들어도 견딜 힘이 생기지 않을까? 그래서 나에게 질문하고 답을 하며 글을 쓰는 과정이 필요했다. 다시 나를 통과한 내 일의 정의를 글로 써보는 것은 큰 힘이 되어 준다고 확신한다.

잘하는 것과 못하는 것의 차이는 별거 아니다. 성공한 사람들의 공통된 점은 끊임없이 한 것이다. 수만 점의 작품에서 한 점이 유명해져서 위대한 화가, 작가가 탄생하듯 진짜 잘해서가 아니라 많은 양의 방대한 분량만큼 노력하고 몰입하면서 생산했다. 그 과정에서 우연히 발견되고 발굴된다. 내가 좋아하는 과정을 수없이 반복하고 만들다 보면 그것이 나의 일상에 녹아 들어간다. 그리고 그것이 내가 된다. 잘하고 못하고를 떠나서 하다가 보면 점점 잘하게 되고 좋아지게 된다.

내 방식대로 그냥 쓰자. 세상에 다양한 사람들이 많다. 똑같은 사람은 없다. 좋아하는 것, 싫어하는 것 등 분명히 다 다른 성향을 가지고 있다. 사람들의 성향에 연연하다 보면 내 글을 쓰기가 힘들어진다. 글이란 내 목소리이다. 청중이 듣고 싶은 말만 하기보단 내가 원하는 방식대로, 내가 말하고 싶은 것을 쓰다 보면 그것에 공감하는 사람들이 분명 있다. 나답게 산다는 것이 얼마나 용기가 필요하고 아름다운 것인지 글을 쓰면서 더 많이 느낀다. 글을 쓰다 보면 모르는 새로운 사실들을 발견하고 알아간다. 그리고 더 넓은 세상을 알고 싶어 책을 읽는다. 그럼 아는 만큼 보이게 되고, 아는 만큼 살아가게 된다. 최대한 나답게 살아가려면 알아야 한다. 종합해보고 거기서 내 생각이 정리되고 구체적인 나의 답을 만들어 간다. 그래야 더 내가 스스로 만든 정답대로 글을 쓸 수 있다.

내가 책을 쓰겠다고 생각한 것은 오래되었지만 확실하게 실행하게 한 것은 필사하고부터이다. 글 쓰는 몸을 만드는 것은 필사만큼 좋은 방법은 없다고 생각한다. 다른 사람이 쓴 글을 그대로 따라 쓰면서 매일 글을 접하게 되고 마치 내가 글을 쓰는 것과 같은 생각이 들게 한다. 술술 막힘없이 글 쓰는 것이 친숙하게 느껴진다. 나는 책상에 앉아있을 때면 마음이 설렌다. 오늘은 어떤 문장들이 나의 마음에 다가와 나에게 힘을 줄까? 용기를 줄까? 글이 마치 나에게 말을 거는 느낌이 든다. 손은 타자하고 눈은 책을 응시하고 생각은 꼬리에 꼬리를 물고 상상하게 된다. 어느새 글을 쓰는 시간이 나의 생활에 일부가 되었다. 그리고 글을 쓰면서 하루가 즐거워졌다.

사실 내가 글을 잘 써서 글을 쓰는 것은 아니다. 남에게 보여줄 정도로 글을 잘 쓰는 것도 아니다. 하지만 글을 쓰면서 좋은 점들이 많아져서 이것을 다른 사람들도 좋아해 주었으면 하는 생각이 든다. 내 글에 대한 평가가 두려워 글을 못 쓴다면 내 손해가 되지 않겠는가?

글을 쓰고 싶다면 무조건 써야 한다. 대부분은 완벽하게 준비되고 갖추어졌을 때 시작을 해야 한다고 생각하는 경향이 있다. 아쉽게도 생각해보고 또 생각해보고 그래서 생각만 하다가 그냥 하지 못할 때가 많다. 처음부터 글을 잘 쓰는 사람은 없다. 익숙하지 않은 것에 도전하고 그것을 꾸준하게 매일 매일 반복하면 된다. 잘 쓰려고 하지 말고 내가 쓴 글에 내가 평가를 하지 말고 잘 쓰든 못 쓰든 그냥 써보기를 해보면 분명 다르다. 이젠 남 의식하지 말고 내식대로 그냥 써보자. 글을 잘 쓰려고 하다 보니 시작조차 엄두가 나지 않는다. 잘 쓰기 위해서는 매일 반복해서 글을 써야 한다. 그러면 잘 쓰게 된다. 필사하지 않았다면 나도 글쓰기가 어렵지 않았을까. 평생 글을 쓰고 싶다고 생각만 했을 뿐 글을 쓰는 삶은 없었을 것 같다. 하지만 매일 글을 쓰고 있고 글을 쓰면서 내가 점점 달라지고 있는 것을 느끼고 있으니 글을 쓰지 않을 이유가 없다. 잘 쓰든 못쓰든 상관하지 말고 그냥 써보자. 그럼 한 번도 경험하지 못한 그 느낌을 누릴 것이다.

진작, 쓰지 않은 것이 아쉽다

글을 쓰는 사람에게 특별한 선입견이 있었다. 보통 유명작가들을 보면 뭔가 약간 허름한 옷을 입고 머리도 자르지 않고 도를 닦는 듯한 모습을 하고 있었다. 마치 세상을 멀리하고 은둔생활을 하는 사람들처럼 비출 때가 많다. 글을 쓰면 저렇게 되는가 보다 생각이 나도 모르게 들었다.

책을 쓴다는 것은 글에 소질이 있고 탁월한 능력을 갖추고 있는 사람들에게만 할 수 있는 영역으로 생각했다. 아주 특별한 사람들의 소유물로 여겨졌다. 책을 읽을 때도 작가들이 참 위대해 보였던 것은 분명하다. 그런데 내가 글을 쓰고 있다. 아이러니하다. 뭐가 달라졌는가 상상조차 할 수 없는 일이다.

무슨 변화가 생겨 글을 쓰게 되었는가, 분명한 것은 특별한 사람만 글을 쓰는 것이 아니라 누구든지 글을 쓸 수 있다는 생각에서 비롯되었다. 내가 전문으로 하지 않는 영역은 잘 모른다. 그래서 특별한 사람들의 소유물이라고 생각했다. 내가 알지 못하는 다른 영역을 하고 있으면 특별하다고 생각했다. 하지만 다양한 자신의 영역에 관해 이야기하는 것이 글쓰기라는 사실을 알게 된 이후, 내가 글을 쓰는 작가가 되었고 많은 부분의 변화가 생기기 시작했다.

우선, 글을 쓰면서 생각 정리가 된다.

어떤 모임이나 교육에 참석할 때 종종 자기소개를 짧게 하는 타임이 있다. 나는 조리 있게 발표를 잘하는 사람들이 부러웠다. 갑자기 부탁해도 술술 이야기를 이어가는 분들을 보면 "어쩌면 저렇게 말을 잘할까? 원래 말을 잘하는구나!" 생각했는데 글을 쓰면서 느꼈다. 분명 평소 글쓰기를 통해 생각을 정리하기 때문이 아닐까. 글로 잘 정리가 되지 않을 것 같고 막연하게 느껴지지만, 막상 하루의 일과 중 한 부분을 정리하다 보면 꼬리에 꼬리를 물고 생각이 날 때가 있다. 그것은 이미 머리에서 정돈된 생각이 실타래처럼 뽑혀 나오게 된다. 글을 쓰다 보면 어느새 내가 어떤 감정이었는지 글을 통해 정리할 수 있다.

글을 쓰면서 행동이 변화한다.

책을 읽으면서 사람들은 책 내용을 평생 기억하려고 한다. 감동적인 문구에 감동하고 변하기 원하는 마음이 크다. 나는 읽는 것에 더해 쓰는 것을 하면서 확실한 변화가 느껴졌다. 그것은 책을 읽을 때는 작가가 이야기하는 관점에서 읽게 되는데, 쓸 때는 나의 관점에서 글을 쓰게 된다. 내가 느낀 감정을 글로 적어가면서 자신의 삶에 적용해보고 내가 해석한 대로 적게 된다. 그래서 다양한 아이디어가 생기고 기억된 문장들이 되살아나면서 나의 행동이 되고 나의 삶이 된다. 그것이 반복된다. 그래서 직접적인 삶의 변화가 생기는 것을 여러 번 느꼈다.

글을 쓰면서 삶에 영향을 미치는 것은 대단한 발견이고 소중한 경험이다. 평범한 생활이 아니라 탁월한 일상을 살아가는 느낌이 든다. 글쓰기는 성공적인 인생을 살아가는 지름길이라 생각한다.

"내가 진작 글을 쓰고 있었다면 어떻게 되었을까?"

"왜 내가 이 방법을 몰랐을까?"

글을 쓰는 것을 어렵게 생각했다. 글을 쓰는 것을 결과물만 생각했던 것 같다. 두꺼운 책을 만드는 작가들의 모습을 보고 있으면 고뇌하며 글을 쓰는 연상만 했다.

글을 쓰면서 나 자신을 사랑하게 된다.

내 이야기를 글로 쓰다 보면 내 생활을 돌아보게 된다. 그리고 그 시간에 일어난 사건을 먼발치에서 바라본다. 그럼 발견하지 못했던 지혜를 알게 된다. 왜 그런 일이 생겨야만 했는지 몰랐는데 어떤 이유에서 비롯되었다는 사실을 깨닫게 되면 왠지 모르는 마음의 넉넉함이 생기게 된다. 인생에 대한 해석을 글로 쓰게 된다. 사람들이 제일 쓰고 싶은 것이 자서전일 것이다. 돌아보면 아무것도 아닌 것에 매여서 소중한 것들을 놓치고 살진 않았는지, 너무 옹졸해서 허송세월 보냈던 것은 없는지, 할까 말까 망설이다가 후회한 일들의 열거와 성공담을 멋지게 적어 기억에 남기고 싶었을 것이다. 살아온 일대기를 적어가다 보면 나를 통해 벌어진 사건과 관계들이 고단했던 인생이 감사로 변할 것 같다.

한꺼번에 몰아서 적는다면 생생하고 미세한 것들을 놓칠 수 있다. 하지만 하루 매일 쓴다면 많은 깨달음이 생긴다. 그렇게 나의 일상을 기록하다 보면 나도 모르게 나의 든든한 후원자가 바로 '나'라는 사실을 알게 된다. 남들은 모르는 나 자신을 점점 알아가면서 더 사랑하게 된다. 점점 쌓아 올린 글의 부피만큼 나를 알아가고, 나를 믿어주고, 나를 응원하며 성장하게 된다. 그래서 더 열심히 살게 되는 이유일 수도 있겠다.

글을 쓰면서 회복 탄력성이 생긴다.

글을 쓰다 보면 내가 주인이 된다. 어려운 상황이 있을 때

"괜찮아! 또 기회가 생길 거야.

네가 가진 꿈은 당장 이루어지지 않아!

오랜 시간이 걸리는 일이야.

이만한 것 같고 무너질 내가 아니지!" 하며 일어설 용기가 생긴다. 떨어졌던 자존감도 글을 쓰면서 보듬어 주고 바라봐주면서 내 안에 내가 나에게 이야기를 한다. 그리고 일으켜 세워준다. 글을 쓰면서 위로하는 시간을 가지게 되고 나를 또 반성하게 된다. 내 마음에 통과된 솔직한 감정들, 걱정하는 마음 기뻐하는 마음이 교차할 때 글로 여과되고 희석이 되면서 다시 희망을 발견한다. 감사한 마음으로 변화되면서 절망에서 희망으로 자리를 옮겨갈 수 있는 용기가 생긴다. 이 신비로운 과정이 얼마나 값진 경험인지 이제야 알 것 같다. 그래서 글을 쓰는 시간이 얼마나 필요한지 또 소중한지를 느끼게 된다. 진작에 글을 썼다면 어떻게 살았을까?

글을 쓰면서 안정감을 느낀다.

물 한 방울 나오지 않는 바위 위에 나무가 몇백 년을 살아온 것을 본 적이 있다. 오랜 세월을 버티면서 살아올 수 있었던 이유가 무엇일까 궁금했는데 그것은 땅속 깊은 곳에 뿌리를 내렸기 때문이다. 비바람이 불고 태풍이 오는 위태로운 절벽에서도 살아남는 이유는 뿌리 때문이다. 글을 쓰면서 흔들리지 않는 정신을 유지할 수 있는 것은 흔들리지 않는 나무처럼 깊은 글쓰기 뿌리를 내렸기 때문이라고 생각한다.

끝까지 포기하지 않고 매일 반복해서 글을 쓰다 보면 마음의 안정감이 생긴다. 묵직한 뿌듯함이 어느새 나도 모르게 자리를 잡고 있다. 글을 쓰면서 질문을 하게 된다. 누군가 나에게 무심코 한 이야기도 내가 나에게 질문을 하면서 곱씹고 기어코 글로 만들어 낸다. 누가 시켜서가 결코 아니다. 그리고 글로 흔적이 남겨지면 뒤돌아보아 그 글을 읽게 되고 그때 생각보다 더 자란 나를 발견한다. 한 줄, 한 생각을 보태고 나면 한 뼘의 삶의 뿌리가 깊어지게 된다. 뿌리가 향하는 곳은 물줄기를 찾고 있을 것이다. 나무의 잎사귀까지 전달해줄 생수, 온전한 나무의 형태를 유지하려면 길고 긴 뿌리를 내려야만 살아갈 수 있다. 사람이 마음을 지킨다는 것만큼 중요한 것이 없다고 믿는다. 가장 어렵기도 한 일이다. 글쓰기가 그 힘든 일들을 자연스럽게 만들어준다니 글을 왜 진작 쓰지 않았을까?

진작에 글을 쓰지 않은 것이 아쉽다. 일찌감치 내가 글을 쓰게 되었다면 자기표현을 잘 할 수 있었을 것이다. 평소에 글을 쓰면서 정리를 하는 습관이 생겼기 때문에 내 주관이 뚜렷했을 것 같다. 어떤 것을 할 때도 내가 하고 싶은 것을 선택하고 도전하면서 내 목소리를 더 존중해 주었을 것 같다. 아쉽다는 생각을 하게 된다. 글을 쓰지 않았기 때문에 할 수 없었던 것보다 좋은 점들을 놓치고 있었던 것은 아닌지 말이다. 점점 글을 쓰면서 내 생활을 돌아보게 된다. 내가 하는 일들을 객관적으로 들여다볼 수 있고 계속할 수 있도록 격려하고 도전한다. 글을 쓰면서 달라진 것은 어느새 글쓰기는 내 삶의 든든한 버팀목이 되어 있었다.

지금이라도 쓸 수 있어서 감사하다

하루 글쓰기로 시작하는 것이 너무 좋다. 내가 주도하는 하루, 벽돌을 하나하나 쌓아가듯 차곡차곡 쌓여가는 글들을 보면 만족스럽다. 뭔가 뿌듯한 하루를 글쓰기로 시작하게 되는 요즘 행복하다. 왜 진작 글을 쓰지 않았을까 생각이 들겠지만, 지금이라도 하고 있으니 얼마나 다행인가!.

책성원(책 쓰고 성장하고 원하는 삶 살기) 모임에서 2주에 한 번씩 오전 7시에 온라인 모임을 한다. 호주, 제주, 청주, 고창, 송도, 서울 등 다양한 곳에 사는 작가들이 모이는 시간이다. 책 쓰기 코치를 맡은 나애정 작가가 소집하면 모여서 첫 시작으로 자신의 좋은 뉴스, 나쁜 뉴스를 말하면서 자연스럽게 이야기를 나눈다. 다양한 커뮤니티에 소속되어 활동은 하지만 작가들과의 교류는 처음이라 경청 상태로 참여하려고 했는데 모두에게 물어보는 진행방식에 말문을 열 수밖에 없었다. 책을 쓰고 싶은 간절함이 있었는데 방법을 몰랐고 어떻게 해야 하는지 궁금했다. 실제로 책을 출판한 경험이 있는 작가들의 진솔한 경험담과 글을 쓰는 방법들을 생생하게 들을 수 있는 시간이었다. '내가 작가가 된 자격으로 여기에 참석하고 있구나!' 생각이 드니 더욱더 설레었던 것은 분명하다. 2시간이 훌쩍 지나갈 때까지 격려해주고 어떻게 초고를 완성하고 글을 쓰는지 방법을 확인시켜주는 시간은 '정신 차리고 글을 써야지' 하고 다짐을 한다. 마지막에 강조한 문구가 잊히지 않는다.

"책 쓰기 기술, 내 삶을 바꿀 혁신적인 도구이다. 꼭 내 것으로 만드시길 바란다."

기업에서 혁신이란 단어를 참 많이 사용하고 있는데 내 삶에도 혁신이란 단어가 들어왔다. 글쓰기를 하면서 말이다. 이미 글을 쓰면서 시작이 되었을지도 모른다. 글쓰기에 대한 놀라운 힘을 느끼고 있는 요즘, 이 말이 정말 마음에 담아진다. 글쓰기를 하면 당장 돈이 생기는 것은 아니다. 또 돈을 벌고 싶어서 글을 쓰는 것은 더더욱 아니다. 그러면 왜 글을 쓰고 싶었는지, 왜 그토록 매일 매일 필사를 하며 글을 쓰고 있었던 건지 한마디로 정의가 되는 순간이었다. 그렇다. 내 삶을 다르게 살고 싶었다. 내 삶이 변화되었으면 하는데 그것을 증명할 방법, 그것은 글을 쓰는 것이다.

　예전부터 내가 좋아하고 잘하는 것으로 평생 다른 사람에게 도움을 주며 살고 싶은 소망이 있었다. 우연히 동영상을 보며 '아!! 이거야' 나이 들어서도 춤을 출 수 있는 훌라댄스를 발견하게 되었다. 그리고 검색해서 가르치는 다양한 곳의 장단점을 파악한 후 나에게 적합한 훌라댄스를 선택하고 배우며 전문가의 길에 들어섰다. 주말에 틈틈이 배우며 자격증 과정을 하나하나 이수를 해두었다. 내가 좋아하는 춤을 추면서 건강을 유지한다는 것이 마음에 쏙 들었기 때문이다.

　20년째 직장생활을 했던 방식을 바꾸고 프리랜서의 삶을 6개월 살고 있다. 남들보다 빨리 결혼하고 두 아이가 커서 공부하고 취업도 했으니 이제 나를 위한 인생을 살아야겠다고 생각할 시점에 자유인이 되었다. 그러나 생각한 것보다 현실은 더 혹독했다. 마음먹은 대로 모든 것이 척척 이루어지지 않았다. 하루빨리 다양한 곳에서 내가 좋아하는 것을 가르칠 수 있는 훌라댄스 강사가 되고 싶었다. 그러기 위해 이력서를 여러 통 메일을 보내고 전화를 하며 도전했다. 하지만 돌아오는 소식은 기약 없는 "다음에 자리가 비워지면…. 지금 당장은 힘드세요."라는 소식뿐이었다.

　초조하게 시간은 흘러갔다. "이대로 나는 아무것도 할 수 없나! 이대로 내가 갈 곳은 없는가!" 실망이 되었지만 이대로 포기할 수는 없었다. 그리고 나에게 용기를 주며 '할 수 있다! 다시 해보자!' 격려하며 버티고 다짐했던 글쓰기 시간이 있었다. 그 힘으로 가만히 기다리고 있기보단 찾아다니며 알아보려 애를 썼다. 그러던 중 내가 사는 지역 강동 평생교육관에서 주최하는 '누구나 배움 학교' 소식을 접하게 되었다. 처음 강의를 시작하는 다양한 재능을 가진 사람을 발굴하고 커뮤니티를 가진 지도자에게 경제적인 지원을 해주는 내용이다. 나에게 딱 맞는 조건이 있는데 자격조건에서 멈칫했다. 7명의 지역주민이 함께한 공동체이어야 한다. 곰곰이 생각해도 답이 나오질 않았다. 지역주민을 한 명도 알지 못했다. 어떻게 7명을 모을지 고민을 하다가 '당근마켓'에 올려봐야겠다는 아이디어가 떠올랐다. 지역주민을 대상으로 중고물품을 교류하고 많은 사람이 참여한다는 이야기를 들었던 터이지만 한 번도 이용하지는 않았다. 그래도 누군가 보면 좋겠다는 생각에 이미지를 만들고 훌라댄스 동우회를 만든다는 소식을 정성 들여 올렸다. 며칠이 지나 댓글로 관심이 있다는 글들이 올라왔다. 참 신기했다. 누군가 내 글을 읽는 것도, 이렇게 반응을 보이는 것도 신기했다. 그리고 인원이 다 모여져서 다행히 신청할 수 있었다. 그리고 선정이 되어 커뮤니티를 유지하고 17명이 수료하는 경험을 하게 되었다.

글을 쓰면서 내가 하는 것들에 더욱 자신감을 느끼고 그 마음의 에너지가 무엇을 하든 '할 수 있다'라는 긍정적인 에너지로 변화하게 도와주었다. 단지 아침에 일어나서 A4 2장의 글을 필사하고 한 문단이라도 내 생각을 정리했을 뿐인데 나의 삶은 점점 변화가 일어났다. 그리고 지켜보던 사람들이 그 모습을 응원해주고 나는 또 더 잘하려고 노력하고 그것이 선순환되면서 삶의 변화를 가져온 것이라고 확신한다. 분명 글쓰기는 삶의 변화를 가져다주었다.

진작에 글을 썼으면 좋겠다는 생각을 했지만, 지금이라도 쓸 수 있어 너무 감사하다. 글을 쓰지 않았다면 책을 쓰고자 하는 마음만 있고 작가의 꿈을 꾸기만 했을 뿐 실행하지는 못했다. 실질적인 방법도 모른 채 SNS에 글을 올렸고 구체적인 발전을 기대하기 어려웠다. 인생은 100세 시대라고 하지 않는가? 누군가는 꽃이 예뻐 계절마다 정원을 가꾸며 노후를 보내는 사람이 있고, 뜨개질을 잘해서 예쁜 가방과 옷을 만들어 가꾸는 사람, 악기를 다루는 사람 등 자신이 가진 수많은 재능을 가지고 살아가는 사람들을 주위에서 만난다. 나에겐 글을 쓰며 예쁘게 생각을 정리하며 살아가는 삶을 그려볼 때 무척 흥미롭고 재미있다. A4 2장을 적어가는 시간은 얼굴이 붉어지는 줄 모르고 에너지를 가동해 몰입하게 만든다. 때때로 글이 술술 써질 때면 키보드 두드리는 소리가 어찌나 즐겁고 좋은지 모른다.

오늘도 글을 쓰기 위해 카페에 앉아있다. 처음 글을 쓸 땐 노트북을 펼칠 때부터 두근거리며 화끈거렸다. 멀리서 나를 쳐다보고 있는 듯하고 부끄러웠지만, 지금은 그런 시선은 중요하지 않다. 내가 쓰고자 하는 양과 시간을 아끼려면 그런 생각을 할 틈이 없다. 이곳에 온 것은 한 쪽지의 글을 완성하기 위해서이다. 그래서 옆 테이블의 대화 내용도 음악 소리도 나에겐 중요하지 않다. 그저 내가 쓰고 있는 그것에 집중하면 그만이다. 이런 생활이 내가 하고 싶었던 모습임에는 분명하다. 예전에는 원고지에 만년필을 들고 글을 써가는 작가의 장면을 연상해 보기도 했지만, 지금은 자기만의 도구로 글을 쓰고 있다. 지금부터라도 내가 쓰고 싶은 글을 쓰고 있으니 좋다. 글을 쓰면서 감사라는 단어를 많이 생각하게 된다. 감사란 현재 이루어진 결과에 감사하기도 하지만 그렇지 않을 때도 감사하라고 한다. 놀라운 자기다움, 글쓰기가 혁신의 도구로 작동하여 삶을 변화하게 될 것을 나는 믿는다. 글을 쓰면서 달라지는 모습을 보며 지금이라도 글을 쓸 수 있어 감사하다. 항상, 감사하게 되는 글쓰기의 삶을 살 수 있는 것이 나에겐 행운이다.

행복한 삶, 만족스러운 삶, 글쓰기에서 찾아라

"당신은 글을 왜 쓰시나요?"

나에게 물어보는 분들이 많아졌다. 왜냐하면, 가둬두었던 마음을 글로써 표현하고 있기 때문이다. 처음에는 내 글을 누가 볼까 걱정되어 생각으로 그치거나 메모장에 적기만 했는데 인터넷이란 공간에 올리기 시작했다. SNS에 내 글을 올려두면, 몇 줄 정도의 짧은 글이라도 나중에 꺼내어 보고 '내가 그런 생각을 다 했구나' 하며 되돌아볼 수 있어 좋았다. 내 기억에 앨범 같은 것이 있어 세월이 흘러가는 속도와 내가 현재 위치한 상태를 비교하며 삶의 흔적을 남기는 것 같아 기분이 좋다.

책을 읽을 때 글을 쓰는 작가의 삶이 궁금해진다. '어쩜!, 이런 생각을 어떻게 했을까?' 하며 작가들을 찾아보았고 더 많은 다양한 이야깃거리가 있어 자세히 들여다보았다. 그런데 아주 특별할 것 같았던 작가들도 보통의 평범한 삶을 사는 사람들이란 것을 알았다. 우리와 똑같은 삶을 살아가는 사람들이다. 그리고 그때쯤 책을 써봐야겠다는 막연한 희망의 씨앗이 생겨났다. 잘 쓰고 못 쓰고를 떠나 내 글을 읽어줄 단 한 명의 독자에게 내 이야기를 들려주고 싶어졌다. 버킷리스트에 올려진 작가란 타이틀은 내 머릿속에 맴돌고 있었고 글쓰기에 관한 책과 강연들이 나도 모르게 가깝게 느껴졌다. 내가 가지게 된 관심사가 책 쓰기가 되었다. 그리고 몇 년이 흘러 필사라는 형태를 우연히 운명처럼 만나게 되었다. 필사라고 하면 손으로 글을 쓰는 정도라고 생각했는데 다른 사람의 글을 키보드를 치며 베끼는 것이라고는 상상하지 못했다. 한 꼭지 한 꼭지 매일 따라 적어가면서 서서히 내가 변하고 있었다. 짧은 글을 선호하던 내가 주저리주저리 서슴없이 내 이야기를 길게 쓰고 있는 나 자신을 발견한 것이다. 참 신기하단 생각을 했다. '아 필사를 하면 내가 작가가 된 것처럼 글을 쓸 수 있구나!'라는 것을 강하게 느꼈고 기분 좋은 감정이 마음에 가득 차올랐다.

글쓰기는 나에게 행복한 삶을 선물해 주었다.

나는 무언가 목표를 세우고 그것을 실행하기 위해 노력하는 과정이 너무 행복하다. 글을 쓰는 과정이 마치 등산을 목표로 올라가는 과정과 닮아있다. 등산동우회에서 한라산을 간다는 소식을 들었다. 우리나라

산중에 가장 높은 산인데 왕복 12시간 산행이란 이야기에 조금 겁이 났다. 하지만 50대에 오르는 산은 다른 의미가 있을 것 같았다. 예전 죽을 것 같은 고비를 넘긴 지리산 산행은 해냈다는 자신감을 주었고 아랫배에서부터 올라오는 희열은 두고두고 이야깃거리가 되어줬다. 그런 모험담을 또 만든다면 내 인생에 아주 큰 가치를 줄 것 같았다. 그리고 성공하기 위한 만반의 준비를 하기 위해 하루하루 걷기로 체력을 단련했다. 두 달 동안 기다렸다. 산 정상에 올라 만세를 부르며 높은 고지에서 맛보는 바람을 맞으며, 자랑스러운 인증사진을 남기는 상상을 하며 하루하루를 기다렸다. 한라산 등반 약속된 당일, 비가 많이 왔다. 입산 금지가 된 상황에서 완주하지는 못했다. 아쉽지만 그 과정을 준비하면서 이미 정상에 오른 상상만으로도 행복했고 연습했던 과정으로 만족했다.

지금은 나에게 찾아온 글쓰기라는 목표가 생겼다. 책을 써야겠다는 확실하고 분명한 목표 그리고 한 발짝 한 발짝 그 목표를 향해 걸어가고 있다. 글을 쓰는 시간, 책상에 앉아 흰 백지에 한자씩 써 내려가 어느새 한 꼭지가 완성되는 하루하루의 과정이 있다. 나는 이미 작가가 되어 있었다. 왜냐하면, 이미 내 머릿속에서는 책 한 권을 들고 환하게 웃고 있는 내 모습이 그려져 있기 때문이다. 마치 한라산 산행을 준비하는 과정처럼 말이다.

행복은 아주 큰 것이 아닌 아주 작은 나의 일상에서 비롯된다. 누가 만들어주는 것이 아닌 내가 만들면서 만족하며 행복은 유지된다고 생각한다. 결코, 성공은 정상이 아닌 올라가는 과정과 함께 동반되는 것이다. 그 모든 과정 없이 바로 정상에 올라간다면 과정을 통해 알게 된 사람들과 수많은 이야기가 없었을 것이다. 하지만 비록 정상에 도달할 수 없었을지라도 이미 내 머릿속에서 정상의 그림을 그렸기 때문에 나는 이미 성공한 사람이고 그래서 그렇지 않더라도 충분히 행복할 수 있다. 작은 행복을 만들 수 있는 사람은 더 큰 행복을 만들 수 있기 때문이다.

글쓰기는 나에게 만족한 삶을 선물했다.

'작가'라고 의식하며 하루하루 글을 쓰기 시작하면서 나의 삶이 더욱 단단해지는 것을 느낀다. 내 생각을 정리한다는 것, 내 생각을 꺼내어서 글로 남기는 과정은 하루를 아주 만족하게 한다. 매일 아침, 꿈꾸었던 작가가 된다. 그래서 글 쓰는 것이 어느 순간 즐거운 작업이 되었다. 본격적으로 노트북을 여는 순간부터 기대감이 생긴다.

"오늘은 어떤 글을 필사하게 될까?"

"나는 어떤 이야기로 글을 쓸까?"

"어떤 문장을 보며 내 가슴이 뛸까?"

정리해가는 과정이 있기에 만족스러운 삶이 연이어져 간다. 때론 글이 잘 안 써질 때도 있다. 그래서 나를 내가 기다려준다. 산책한다든지, 커피를 마신다든지, 그러면서 서서히 예열이 가해지면 또 적게 된다. 그래서 바쁘지 않은 새벽 시간을 좋아하게 되는 것 같다. 나만의 시간을 보낼 수 있기에 더 여유 있게 글을 쓴다. 나만의 시간, 글을 쓰는 시간이 있기에 하루를 맞이하는 시간이 설레면서 만족스럽다.

글은 혼자 쓴다고 생각했는데 글쓰기는 함께 쓰는 것이란 생각이 든다. 이번 공저로 함께 글을 쓰며 많이 느낀다. 나의 글은 내가 써야 하지만 다른 작가들이 쓴 글을 보며 더 성장하고 발전하는 것을 느낀다. 결국, 함께 글을 쓴다는 것은 함께 마라톤을 하는 것과 같다. 먼저 출발해도 어떤 걸림돌이 생겨 선두의 자리를 내어줄 때가 있고, 나중에 출발해도 천천히 자신의 페이스대로 달린다. 모두 존경스럽고 자랑스러운 작가들이다. 글을 써 내려갈 용기도 힘도 함께 하기에 가능했다.

글쓰기란 무엇일까? 왜 글을 쓰냐고 물으신다면 '나 아닌 다른 사람들을 만나기 위해 글을 쓴다.'라고 생각한다. 내 생각을 전하니까 또 다른 사람들이 그것에 반응하며 소통을 하게 된다. 그래서 글쓰기는 소통의 도구가 된다. 글쓰기에서 발견하게 된 나를 표현하는 연습을 하게 되면서 연결이 되는 것이다. 만약에 글쓰기를 하지 않았다면 말하기를 해야 했다. 하지만 글쓰기가 어쩜 더 쉬울 수가 있다. 몇백 년 전의 다른 사람들의 경험이 글로 남아 현재의 우리가 읽듯이 나의 경험을 적어두어 현재에 사는 사람들과 소통을 한다는 것처럼 신비롭고 달콤한 경험은 없을 것이다.

글을 쓰면서 행복한 삶, 만족스러운 삶을 찾을 수 있다. 내가 작가가 되겠다고 생각한 이유도 글을 쓰고 싶어서이다. 글이라는 매력적인 도구로 내가 찾은 행복한 삶, 만족스러운 삶이 고스란히 유지가 된다면 더할 나위가 없다. 글은 용기 내 쓰는 것이 아니다. 글은 내 글을 읽고 싶은 사람에게 쓰기 때문에 거칠게 쓰든 부드럽게 쓰든 그 사람들이 판단해서 고르면 된다. 작가가 선택해야 하는 용기는 '글을 쓰느냐 마느냐'이다. 내가 좋아하는 글을 쓰면 된다. 내가 사랑하는 마음으로 글을 쓰면 그만이다. 그래서 글을 쓰는 시간이 자유롭고 평화롭고 한 단계씩 배우면서 행복한 고행을 감수할 수 있다. 글을 쓰는 것은 결국 나와 싸움이고 용기이다. 오늘도 용기를 내어 글쓰기를 선택했고 글을 쓰고 있다. 그래서 더 행복하고 만족스럽다. 자 이제 당신이 글을 쓸 차례이다.

제4장
시작은 베껴 쓰기, 마지막은 내 글쓰기

고윤아

또 다른 삶을 살고 싶다면 글을 써라

이동식 책방. 북다마스. 독립출판물을 가득 실은 다마스 차량이 이동한다. 책을 좋아하는 나는 책방도 좋아한다. 대형서점들이 많지만, 가끔 독립출판물을 판매하는 독립책방에 간다. 우연히 알게 된 북다마스. 이동식 책방이라 출점일을 확인하고 다마스가 있는 곳으로 향했다. 한적하고 예쁜 카페에서 북다마스를 만나면 기분이 좋아진다. 사장님은 언제나 따뜻한 미소로 반겨준 뒤 책을 마음껏 볼 수 있게 조금의 거리를 두고 기다려주신다. 장마철이 오면 비가 많이 올까, 한겨울에는 추위로 고생할까 봐 걱정된다. 첫 만남 이후 시간이 허락되면 북다마스가 있는 곳을 찾아간다. 온전히 책 때문만은 아니다. 한자리에 있는 책방도 나름 책방마다 매력이 넘쳐나지만, 이동식 책방은 가는 곳마다 느낌이 달라지기에 같은 책이어도 책을 마주하는 생각과 마음이 매번 달라진다. 바다 옆에 있을 때와 시내 한가운데 있을 때 주는 느낌이 사뭇 다르다.

처음엔 우린 사장과 손님으로 만났다. 사장님께 책을 추천받고 구매하고 손님인 나도 별 이야기 없이 구경만 하고 돌아왔다. 하지만 사장님의 《이토록 작은 세계로도》 책 출간 후 찾아가는 북다마스는 작가님을 만나러 가는 기분이 훨씬 강했다. 사장님을 만나는 내 모습은 책을 사러 책방을 찾아간 손님이 아닌 작가를 만나러 가는 독자의 모습으로 변했다. 발걸음이 설레었다. 작가님을 가까이서 만날 기회라 생각했다. 얼마나 반갑고 행복한지. 시간은 흘러 나 역시 지역 공공도서관에서 진행했던 프로그램을 통해 독립출판물을 출간했고, 비슷한 시기에 〈브런치스토리〉 작가가 되었다. 작가가 된 후 북다마스를 찾아가는 마음은 또 한 번 달라졌다. 이제는 작가와 작가의 만남이다. 단순한 책 구매가 아니라 글을 쓰며 생기는 고민거리, 표지 디자인이나 내지에 대한 부분, 인쇄에 대한 고민 등 이야기가 끊이질 않는다. 손님과 사장님의 모습에서 이제는 서로 공감할 수 있는 작가의 모습으로 마주하고 있다.

평생 간호사로 밥벌이하며 살 줄 알았다. 신규간호사였던 나는 병원의 최고 위치까지 쉽게 오를 수 있을 거로 생각했다. 오만함의 끝이었다. 사회초년생으로서의 어려움은 산 넘어 산이었다. 3년 정도 지나면 괜찮아질 거라 버텼건만 세상은 그렇게 호락호락하지 않았다. 삶의 위기와 풍파 역시 시도 때도 없이 덮쳤다. 내가 경험한 간호사 생활은 좁은 시야 속 반복되는 일상이 전부였고, 주변을 돌아볼 여유조차 허락하지 않았다. 왜 그렇게 작은 우물 안에 있었는지 그 상황이 전부라 느꼈던 그때의 나에게 미안했다. 간호사 면허증을 가지고 할 수 있는 일은 병원 일이 아니더라도 다양하고 많았지만, 그것조차 알지 못했다. 나는 무지했고, 길들여져 있었다. 사는 지역 특성상 대형병원이 많지 않았고, 아버지의 반대로 타지에서의 일은 허락되지 않았다. 허락하지 않았더라도 의지만 있었다면 다른 나라까지도 서슴지 않고 갔겠지만 가지 못했다고 말하는 건 그저 두려움을 포장한 핑계였다. 도전이 무서워 시도조차 못 했다. 좁은 세상에 갇혀버린 두려움 덩어리였고, 내가 할 수 있는 일은 간호업무 그 이상도 이하도 아니었다.

버티는 것은 한계가 있었다. 몸이 좋지 않아 특수부서와 교대근무를 포기했다. 병동에서의 업무도 벅찼다. 여러 병원을 거쳐 마지막 동네 의원까지 퇴사하고 나니 내가 나를 돌보지 않았음을 후회했다. 제대로 움직일 수 없는 상황까지 놓이며 강제로 휴식을 취하게 돼서야 간호사라는 직업에 대해 다시 한 번 생각하게 되었다. 일하지 않고 쉬는 동안 상담센터를 다니고, 지인들과 대화를 나누며 조금씩 생각이 바뀌었다. 평생직장과 직업이란 건 그때의 나에겐 필요하지 않았다. 다른 직업을 가져도 되겠다는 생각이 나를 흔들었다. 꼭 간호사만 고집할 필요는 없었다. 그러다 우연한 기회에 필사를 접하게 되었고, 남의 글을 베껴 쓰는 것을 시작으로 나의 이야기를 하는 작가가 되었다. 첫 시작은 필사였지만 결국 간호사와 작가 두 가지 직업을 갖게 되었다. 글을 쓰면 행복해졌다. 이것이 나를 작가의 삶으로 만들어준 이유다. 글과 함께 있을 때 신나고 즐겁다. 병원 생활을 하며 힘들었던 시간에 글을 썼다면 좀 더 버티기가 수월했을 것이다. 감정을 쏟아 내고 정리하기엔 글만큼 좋은 도구가 없다. 글은 회피와 왜곡 없이 나를 있는 모습 그대로 바라보게 해주었다. 감정은 잘 분리되고 다듬어졌다. 펄펄 끓는 분노를 끄집어내어 펼치면 이내 곧 연기처럼 사라지고 데일 것 같던 마음이 사그라졌다. 글만큼 나를 이해해주는 것은 없었다. 연인이자 평생 친구를 얻은 듯했다. 이제는 글쓰기를 삶에 녹여 간호사와 작가 두 역할을 하며 살아내고 있다. 작가의 삶이 더 큰 기쁨을 안겨준다. 좋아하는 일은 사람을 힘차고 씩씩하게 만든다. 다양한 직업을 가진 이들이나 취업을 위해 달리고 있는 이들이 이 글을 보고 있다면 글을 써보길 권한다. 나는 간호사이지만 작가의 삶을 살고 있다. 기회는 주어졌고, 당신은 선택하면 된다.

희귀난치성 질환인 크론병이 있는 환자. 바로 나다. 간단하게 크론병을 이야기하자면 입에서 항문까지 소화기관 전체에 걸쳐 어느 부위에서든 나타날 수 있는 염증성 장질환이다. 주로 복통과 설사 등이 나타나고 장관 외 증상으로 피부염이나 관절염 등이 있을 수 있다. 크론병은 굉장히 빠른 속도로 삶을 무력화시켰다. 환자마다 다르겠지만 나의 경우엔 뭐든 잘해보려는 마음과 다르게 통증으로 인해 아무것도 못 하고 침대에 누워있는 시간이 많았다. 고통은 한 사람을 무기력하고, 무능한 인간으로 만들었다. 직장을 다니기 버거웠고, 입원도 잦았다. 병실에 누워 얼른 시간이 지나길 바라는 것 외에 할 수 있는 게 없었다. '아프니까 아무것도 못 하겠어.' '나 좀 그냥 내버려 둬.' 온종일 뾰족하고 날이 서 있었다. 아픈 몸은 연약한 마음을 사정없이 휘저어 놓기에 충분했다. 차곡차곡 쌓아놓은 굳건한 의지도 한순간 와르르 무너졌다. 퇴원 후에도 화장실을 하루 열 번 이상 가거나 통증으로 아무것도 먹지 못하는 상황이 생겼다. 그렇게 나는 스스로 집안에 가둬놓았다. 사람들과 이야기 나누고 싶지 않았다. 다 잘나가고 나 빼고 세상 모든 사람이 행복하게 사는 것 같았다. 아무도 나를 찾을 수 없는 곳으로 꽁꽁 숨어버리고 싶었다.

오랜 시간을 보낸 어느 날. 같은 크론병이 있는 K 군이 집 밖을 나가기 싫어하는 날 위해 글을 써보는 건 어떻겠냐며 먼저 말을 건네주었다. 그리고 몇 권의 책을 들고 집 앞에 나타났다. "누나. 누나는 할 수 있어요. 잘 될 거예요. 난 걱정 안 해요." 나를 위해 마음 써주는 동생이 너무나 고마워 조금씩 책을 읽으며 어설프게나마 글을 써보기 시작했다. 글쓰기는 쉽지 않았다. 애를 쓰고 있던 그때. 혼자가 아님을 느끼게 해준, 나를 캄캄한 지옥에서 끌어내어 준 이가 나타났다. 바로 나애정 작가다. 〈책성원〉 모임을 통해 글을 막 쓰기 시작했을 때 나애정 작가는 이렇게 말했다. "나를 드러내지 않고서 글쓰기는 어려워요." 누구보다 조용히 살고 싶었던 나인데, 글을 쓰려면 최소한 나라는 존재를 타인에게 보여줘야 한다며 꼭 집어 이야기해 주었다. 나는 주저했고, 몹시 두려웠다. '많은 이들이 내가 환자라는 걸 모를 텐데 이제 와서 내 병을 누군가에게 말해야 한다니. 꼭 그렇게까지 해야 할까.' 큰 결심이 필요했다. 한참을 고민했다. 그리고 나는 달라지기로 결심했다. '아프면 어때. 내가 선택한 것이 아니야. 지금 최선을 다해 이겨내고 있어. 누가 뭐래도 상관없어.' 나를 통해 환자 중 누군가가 공감하고 위로받을 수 있다면 나를 드러내는 일은 그리 어려운 결정은 아니었다. 그렇게 나는 〈난치병과 함께 살아가는 간호사〉 제2의 타이틀로 독립출판물 에세이를 쓴 작가가 되었고, 은둔형 인간이 아닌 당당한 작가로 새로운 삶을 살고 있다. 이제는 사람들이 물어보면 씩씩하게 답한다. "크론병을 가진 환자이며 간호사입니다. 그리고 저는 작가입니다."

또 다른 삶을 살기 위해 숨지 않기로 했다. 글 쓰는 일, 나를 드러내는 일을 지속하고 있다. 어두컴컴한 방구석에 틀어박혀 아무것도 아닌 사람으로 생을 마감하기 싫다. 난치병을 가진 환자면 어떤가? 어느 곳에서든 간호사의 모습으로 업무를 충실히 수행하고 있으며, 이제 새로운 역할인 작가의 길도 걷고 있다. 나의 삶은 여러 방향으로 전진하고 있다. 새로운 나만의 길을 만들고 있다. 놀랍게도 글을 쓴 후부터 과거와 미래의 삶이 점점 선명하게 보이기 시작했다. 지난 시간을 되돌아보고 현재의 모습을 어떻게 받아들일 것인지 명확해지고 있다. 미래에 대한 불안도 한층 줄어들었다. 글쓰기는 직업에 대한 고민을 정리해 볼 수 있는 기회가 되고, 아픔을 치료하기 위한 마음가짐을 다잡게 해주었다. 작가로서의 삶을 시작하고 유지할 수 있게 도와주었다. 시련과 아픔은 오히려 기회가 되어 나를 글 쓰는 사람으로 만들었다. 쓰는 삶이 행복하다. 시퍼렇게 날 선 모습의 내가 조금은 유연하고 둥글둥글하게 다듬어졌다. 예민한 내가 글을 쓰며 달라졌다. 글의 힘이 불안의 늪에서 나를 건져 올렸다. 현재에 만족하지 못하는 삶 그리고 견디기 힘든 시간을 보내고 있는 누군가가 있다면 글을 써보자. 모든 것이 바뀔 것이다. 또 다른 삶을 살고 싶다면 글을 써보아라. 그대들의 숨어있던 능력이 세상의 빛이 되어 나타날 것이다.

직장생활 꿀팁, 나는 매일 쓴다

지금은 주사 놓을 일이 없어 손이 무뎌졌다. 그러나 환자를 직접 마주하던 과거엔 처방된 수액과 각종 약물 투약을 위해 바늘을 수없이 들었다. 신규간호사였던 나는 잠시 병동에서 근무했었다. 매일 다르지만, 주사를 놔야 하는 환자의 수는 몇 명 단위가 아닌 몇 십 명이었다. 해야 할 일은 너무 많았으며 안타깝게도 나는 일이 익숙지 않았던 막내 간호사였다. 화장실 갈 시간도 없이 업무를 처리했고, 정해진 시간에 반드시 끝마쳐야 했다. 지금이야 덤덤히 회상할 수 있는 일이지만 그땐 많은 환자를 간호하는 게 꽤 벅차고 힘들었다. 하지만 많은 환자에게 주사를 놓고, 선배들의 지도를 받지 않았다면 나는 여전히 버벅거리는 간호사가 되었을지도 모른다. 의료진도 최소한의 횟수로 주사를 놓으려 한다. 그리고 환자들도 종종 "한 번에 놔 주세요."라며 이야기했다. 짧은 기간의 병동 경험이었지만 매일 수십 명의 환자에게 주사를 놨던 나는 혈관을 잘 찾아 주사를 놓고, 동시에 안도감을 줄 수 있는 간호사가 되었다.

반복적인 업무는 기술을 빠른 속도로 습득하게 만들었다. 답은 정해져 있었다. 어떤 일을 잘하고 싶다면 그것을 터득할 때까지 행동하며 방법을 익히고 시간을 들여 내 것으로 만들어야 한다. 내가 하고자 하는 것을 꾸준히 해야 한다. 반복과 지속이 답이다. 한 가지 더 이야기하자면 반복의 과정에서 일어난 실수나 부족한 점은 더 자세히 확인하고, 수정해야 한다. 아쉽게도 나는 그렇지 못했다. 어떻게 하면 통증을 줄여주고 환자를 안심시킬 수 있는지 좀 더 자세히 살폈어야 했다. 실무적인 기술을 익히기 위해 애를 썼지, 실패에 관한 확인 작업은 부족했다. 부족한 부분은 기록을 통해 남겨두고 확인하길 바란다. 실수를 줄이고 보다 나은 결과를 얻을 수 있게 도움이 되었으면 한다.

병동 간호사. 나의 경우 쉽지 않았다. 특히 유리멘탈을 가진 나에게는 출근하기 직전이 예민함의 정점을 찍었다. 가끔 전날 자기 전부터 출근하기 싫었다. 심장이 쿵쾅거렸다. 업무 특성상 늘 긴장 속에서 일했다. 병동 환자들은 별일 없다가도 예기치 못하게 응급상황이 발생했다. 그누구보다 신경이 날카로웠다. 감당하기 어려운 정도의 불안과 긴장은 업무에도 지장을 줬다. 꾸역꾸역 인수인계했지만, 긴장은 쌓이고 쌓여 가열된 압력솥처럼 터지기 직전이었다. 어느 날 결국 그 긴장이 터져버렸다. 다음 근무자에게 인수인계해야 하는데, 말이 나오질 않았다. 동공은 흔들리고, 머릿속이 하얘졌다. 정적을 깨고 겨우 입을 열어 다음 근무 번 간호사에게 물었다. "선생님, 저 무슨 얘기 하려고 했죠?" 지금 생각해봐도 이게 뭔 소리인가 싶다. 인계는 내가 하는데 인계 받을 사람이 내용을 어떻게 알 수 있나. 답답할 노릇이었다. 생각이 길을 잃었다. 할 말도 잊어버렸고, 내가 누군지도 모르는 지경에 이르렀다. 죄송하다는 말을 반복하길 여러 번. 다른 간호사에게 도움을 청하고 일을 수습한 후, 퇴근하며 차에 탄 나는 출발도 못 한 채 한참을 울었다.

설렘을 갖고 다음 날 출근을 기다리는 사람이 몇 명이나 될까? 직장에서 에너지를 소모하기 전 이미 모든 힘을 다 소진해 버렸다면 어떨까? 방전 상태로 출근하고 8시간 혹은 그 이상을 직장에서 버텨야 하는 건 자신에게 너무 가혹한 일이다. 같이 일하는 동료에게도 미안함을 감출 수 없다. 내가 가장 후회했던 건 최상의 컨디션으로 환자들을 간호하지 못했다는 것이다. 간호사가 되고자 했던 이유는 아픈 이들을 돌보기 위해서였다. 하지만 내가 너무도 불안하고 부족하니 오히려 환자들에게 미안했다. 환자를 돌보기 위해 나를 먼저 돌보고 다독여야 했다. 그렇게 긴장과 불안을 줄이려 여러 방법을 찾아봤다. 그중 하나가 출근 전 책을 읽고 글을 쓰는 것이었다. 불안을 잠재우기 위해 책을 읽고, 책에서 나에게 용기를 줄 만한 글을 찾아 베껴 쓰고, 다시 소리 내어 읽었다. 차에는 여러 권의 책을 놔뒀다. 그리고 그날 기분에 따라 책을 골라 읽고, 퇴근 후에는 글을 썼다. 불안과 긴장을 하나도 남김없이 없애지는 못했지만, 감정을 정리하고 다듬는 작업을 글이 대신해주었다. 병원 문으로 들어가기 전 마음을 가다듬고, 퇴근 후엔 그날의 나에게 위로를 전했다. 휴일에도 글을 썼다. 다시 출근하기 위해 글을 썼다. 괴로운 마음도 두려운 마음도 모두 쏟아부었다. 글을 쓰며 천천히 나를 회복시켰다. 글쓰기. 직장에서 살아내기 위한 나의 간절한 선택이었다.

직장생활 하며 얻게 된 가장 큰 보람은 소중한 사람들이 생겼다는 것이다. 가끔 이상한 사람들도 있다 생각했지만 돌이켜보면 이상하기보단 나와 맞지 않는 사람이었다. 몇 년 전 잘 모르는 분야에 종사한 적이 있다. 간호사의 기본 업무는 익숙했으나, 해당 분야의 전문적 지식은 아는 게 그리 많지 않았다. 외부에 자문해가며 자료를 얻었고, 사내 직원과 주위 사람들에게도 도움을 요청했다. 그리고 정보와 함께 좀 더 원했던 건 일하는 방법, 즉 업무 노하우였다. 직장생활 꿀팁 정도 될 듯하다. 일을 꼼꼼히 하느라 다른 사람보다 조금 느렸고, 익숙지 않은 시스템에 헤매기도 했다. 그럴 때 놀랍게도 어디선가 사내 히어로인 L 부장과 K 과장, J 팀장, P 주임이 나타났다. 각자의 일이 많았지만 그럼에도 불구하고 이들은 쩔쩔매는 내가 안쓰러웠는지 먼저 다가와 주었다. L 부장은 여기저기 자료를 찾아보고 비슷한 사례를 가져다주며 더 필요한 게 있으면 이야기하라 했다. 병원 프로그램을 썼다 보니 새로운 프로그램 사용에 갈피를 못 잡았다. 그럴 때면 K 과장은 나를 조용히 불러 종이에 직접 화살표까지 그려가며 이해하기 쉽게 자세히 설명해 주었다. J 팀장과 P 주임 역시 관련 법령과 온갖 자료를 가지고 와 나에게 힘을 실어주었다. 본인들 업무도 상당했지만, 시간을 쪼개어 나를 도와준 그들이 얼마나 고마웠던지. 그곳을 퇴사했지만 나는 사람을 얻었고, 믿음의 선물을 받았다는 것에 감사히 생각한다.

짧은 시간 방대한 자료와 새로운 업무를 익히는 데 도움을 많이 받았던 건 바로 정리하며 기록하기였다. L 부장과 K 과장에게 받은 자료 중 핵심 부분을 발췌하고 내가 부족했던 부분을 확인하며 기록했다. 종이에 적어주면 두 손에 꼭 쥐고 자리로 돌아와 잊어버리기 전에 즉시 기록했다. 같은 업무를 주면 그들의 소중한 시간을 빼앗을 수 없으니 버려지는 시간을 최소화하기 위해 꼼꼼하게 적었다. P 주임의 자료 역시 밑줄 그어놓고 옮겨 적었다. 근무하며 가장 중요했던 기록은 바로 그날의 감정이었다. 지독하게 힘든 날엔 정말 무섭게도 써 내려갔다. 감정이 폭발하고, 나의 쓰기도 폭주했다. 옳지 않음에 대한 의견과 듣지도 보고 싶지도 않았던 일들, 한참을 쏟아 내며 다시 일할 기운을 찾았다. 직장생활은 만만치 않았다. 그러니 힘든 시간은 마음을 끄집어내어 쓰고, 정리하고, 다독이며 견딜 수밖에 없었다. 부족함은 기록했고, 억울함은 쏟아 냈다. 듣기 싫은 말도 써 내려갔다. 바닥까지 탈탈 털어내고 나면 비워진 마음으로 다시 일했다. 밥 먹듯이, 약 먹듯이 썼다. 기록은 새로운 분야의 업무를 익숙하게 하는 역할과 버티게 하는 역할 두 가지 모두를 할 수 있게 도와주었다. 쓰기의 힘으로 버텼다. 직장생활을 견디기 힘들다면 너무 곪아 썩기 전에 한가득 쏟아 내는 시간을 가지길 바란다. 터지기 전에 시도하길 당부한다.

'출근하고 싶어 안달 났다', '내일이 빨리 왔으면 좋겠다.' 나는 살면서 이런 생각을 해 본 적이 그리 많지 않다. 슬프고 아쉽다. 직장을 이리도 괴롭게 다녔으니 자신에게 미안했다. 글을 쓰기 시작할 때부터 이상하게도 나는 조금씩 변했다. 출근이 하고 싶어졌다. 집순이가 달라지고 있었다. 복잡하고 사람이 많은 곳을 찾아다니진 않지만, 세상이 궁금하고 사람들의 이야기를 듣고 싶었다. 보고 느끼는 모든 것들이 글감이 되었다. 내일이 기대되었다. 가끔은 기다리는 설렘보다 적극적으로 사냥하러 가는 기분이 들기도 했다. 나가기만 하면 얼마든지 잡을 수 있는 글감들이 보이기 시작했다. 출근 전부터 기다려진다. 온 세상이 나를 향해 달려오는 느낌을 받는다. 횡단보도를 건너는 이들, 내가 만나는 모든 사람, 그날의 하늘과 나무, 돌까지도 모두 다 훌륭한 글감이 되었다. 직장 생활은 나에게 벅차고 무거웠다. 맵고 짰다. 알싸함을 넘어 코끝이 찡하고 눈물이 핑 돌았다. 무난하게 넘어가는 날이 손에 꼽을 정도였다. 하지만 글을 쓰기 시작한 그 순간부터 직장은 더 이상 나에게 끔찍하고 무서운 공간이 되지 못했다. 모두 그 나름대로 이유를 가진 존재이며, 다름을 인정하고, 상황을 이해하게 되었다. 단춧구멍이 아닌 넓은 시야로 세상을 바라보게 되었다. 상대방을 이해하지 못하면 있는 그대로 받아들였다. 혹여 내일 아침 출근이 지옥으로 들어가는 것처럼 느껴진다면 오늘 자기 전 글을 써봐라. 오늘 쓰기 싫다면 내일 아침 출근 전 아주 짧게라도 써보자. 시커먼 감정은 다 쏟아 내고 나가자. 버티고 견뎠던 쓰디쓴 시간은 곧 슴슴한 맛을 지나 달달한 출근이 될 것이다.

잘 쓰기보다는 막 쓰기

나는 문서작업을 그리 잘하는 편이 아니다. 아니, '못 한다'에 가깝다. 발표 자료를 준비할 때 상당히 많은 시간을 소비한다. 단축키를 사용하는 이들을 보면 어찌나 부러운지. 주변에 전자기기나 프로그램을 잘 다루는 사람들을 볼 때마다 부러움이 하늘을 치솟는다. 매번 도와 달라 부탁할 수도 없으니 자료를 만들 때마다 이것저것 눌러보고 작성하고, 삭제하기를 반복했다. 당연히 시간은 오래 걸렸다. 그러나 손 놓고 누가 해주기만을 기다릴 순 없었다. '될 대로 돼라.'는 마음으로 자판을 눌러보며 작업했다. 문서가 사라질까 봐 맘 편히 하나 더 복사해놓고 갈 길 잃은 내 열 손가락과 수고스러움을 더해 완성했다. 그렇게 발표 자료를 만들고 강의를 마쳤다. 문서를 잘 만드는 사람들이 보면 엉망이겠지만 나는 최선을 다했다. 어설픈 결과물이어도 발표에 큰 지장 없이 활용했다.

　글을 쓸 때 가끔 밤고구마를 물 없이 먹은 것처럼 퍽퍽하고 답답한 느낌이 들 때가 있다. '개요를 써야 하는데', '서론을 먼저 써야 하는데', '나는 맞춤법을 잘 몰라' 이런 생각을 하며 한 글자도 쓰지 못하고 있다면 방법을 달리 해보는 것이 좋다. 문서작업 방법이 서툴러도, 단축키를 외우지 않아도 결과물은 얻을 수 있듯 모든 걸 다 준비하지 않아도 시작할 수 있다. 글을 쓸 땐 개요가 필요하다. 하지만 반드시 개요를 써야만 글을 쓸 수 있는 건 아니다. 글쓰기 순서는 정답이 없다. 우리가 배웠던 서론-본론-결론의 형식이 있긴 하나 마냥 그것만 지키려고 머리 싸매고 시간을 허비할 순 없다. 닥치는 대로 한 줄 이라도 써봐야 한다. 주변에 개요를 쓰지 않고 글을 쓰는 사람이 있다. 대신 머릿속으로 한참 구상하고 글을 쓴다. 나 역시 가끔 개요를 쓰지 않고 글을 쓴다. 서론, 본론, 결론이 별똥별처럼 갑자기 떨어지는 날이 있다. 그런 날엔 빈 문서만 하나 열어놓고 마구잡이로 글을 쓴다. 쓰다 보면 문단이 자연스럽게 나눠지기도 하고 한자리에서 한 꼭지를 전부 쓰는 경험도 한다. 개요를 작성 못 했다고, 서론부터 글을 안 썼다고 뭐라 탓할 사람은 아무도 없다. 본론부터 썼는지 어디서부터 썼는지 알 수 없다. 단지 우리는 완성된 글로 결과를 확인하기 때문에 무엇을 먼저 쓰는 가는 중요하지 않다. 망설이다 보면 글쓰기는 어렵다. 글쓰기에 서툰 사람들은 이것저것 막 해보는 게 중요하다. 하염없이 기다리거나 완벽히 하려 하지 마라. 시간만 흘러

갈 뿐, 결국 아무것도 못 하게 된다.

　가족과 함께했던 시간 중 가장 기억에 남는 건 아버지와 낚시하러 다녔던 시간이었다. 아버지는 나와 낚시 다니는 걸 무척 좋아하셨다. 교대 근무를 하며 다음날 새벽 출근이 아닌 날엔 낚시를 갔다. 아버지는 무서운 편이었지만 하나뿐인 딸에게만큼은 굉장히 따듯한 존재였다. 낚시를 가면 둘이 나란히 앉아 그동안 못했던 이야기를 나눴다. 미끼를 끼우며 서로 도와주기도 하고, 물고기를 잡을 땐 둘이 부둥켜안고 신나했다. 아버지는 낚싯대를 잡고 있는 나에게 이것저것 알려주셨다. 낚시찌를 가만히 보고 있다가 톡톡거리며 바다로 쏘옥 들어가는 순간 잽싸게 낚아채고 릴을 열심히 감아야 한다고 가르쳐주셨다. 당연히 처음부터 잘하진 못했다. 아주 가끔 낚싯대를 던지다 아버지 옷을 꿰어 버리기도 했고, 멀리 던지지 못해 코앞에 떨어뜨리기도 했다. 낚시는 물고기를 잡는 것 이상으로 많은 생각을 할 수 있는 좋은 경험이 되었다. 회상해보면 아버지는 낚시하며 삶에 대처하기 위한 자세를 알려주시려 했는지 모르겠다. 낚싯대를 던지기 위해 준비하는 과정, 낚시찌를 바라보며 조용히 집중하는 방법도 중요했다. 그리고 가부장적인 자신과 외향적이었던 딸의 관계가 낚시라는 관심사를 통해 어색함을 없애고자 했던 아버지의 깊은 뜻도 있었을 것이다.

　많은 걸 알진 못했지만, 아버지를 통해 배웠던 낚시의 경험은 글쓰기에 도움이 되었다. 낚시하는 모습이 내가 글을 쓰는 과정과 많이 닮아 있다. 우선 어떤 글을 쓰고자 하는지 집중한다. 글을 쓰기 위해 꼭지 제목인 목차를 낚시찌를 쳐다보듯 뚫어지라 쳐다본다. 느낌이 오면 타자를 두드린다. 글의 내용이 순간적으로 생각나면 릴을 감아올리듯 세차게 타자를 두드린다. 낚싯대만 담가 놓고 입질이 와도 멍하니 바라보고 있다면 물고기는 미끼만 뜯어 먹고 도망가 버린다. 감아올려야 한다. 수고스럽지만 내 손으로 감아야 한다. 큰 물고기이길 바라면서 부지런히 끌어 올려야 한다. 눈으로 바라보고만 있으면 바닷속 물고기일 뿐, 그건 아무것도 아니다. 내 손안에 들어오지 않는다. 글을 쓸 때 종종 '이건 글감인데'라고 입질을 느끼는 경우가 있다. 설령 미미한 느낌이라고 해도 낚아채어 글을 써봐야 한다. 잘 쓰고 못쓰고는 나중에 판단할 몫이다. 가만히 있다 보면 물고기는 잡지 못한다. 평생 한자리에 머물러 비가 오나 눈이 오나 낚싯대만 바라보고 있을 것인가. 아버지는 나에게 입질이 오지 않으면 가만히 있지 말고 자리도 옮겨보고 채비도 바꿔보라 했다. 가끔 글을 쓰다 며칠 동안 머리를 싸매며 앞뒤 문단이 부자연스럽게 느껴지고, 다음 글이 생각나지 않을 땐 썼던 글을 다 뒤집어엎는다. 채비를 바꾸는 작업처럼 글을 다 지워 백지를 만들어보기도 한다. 처음부터 큰 물고기를 잡으려 애쓰지 말자. 다양한 시도를 해보며 한 줄이라도 글을 써보는 것이 글쓰기의 시작이다.

미끼도 없는 낚싯대를 한없이 바다에 담가 놨던 것처럼 나는 책을 쓰겠다고 생각하고선 몇 년을 가만히 있었다. 글을 써보겠다고 생각했으면 뭐라도 해봐야 했는데 아무것도 하지 않고 책이 마술처럼 '짠'하고 나타나기만을 바란 것이다. '쓰겠다.' 마음먹었으면 어떻게 하면 글을 쓸 수 있을지, 누구에게 물어봐야 하는지 여러 가지 방법을 찾아봐야 했다. 하지만 감나무 아래 앉아 감이 떨어지기만을 기다렸으니 이 얼마나 한심한 노릇이었나. 방치했던 글쓰기 마음에 질투의 불을 붙인 건 친구 H 의 자랑이었다. H 가 나에게 요즘 본인이 잘나간다며 자랑을 했다. 친구가 얄미워 나는 한마디 했다. "난 올해 책을 쓸 거야." H 는 "오. 멋있는데."라며 답했다. 말을 뱉는 순간 후회했다. 아무리 친구가 자랑했다지만 그 어려운 책 쓰기를 한다 했으니. 자책했다. 하지만 번복하기 싫었다.

평소 필사를 하고 일기는 써왔지만, 출판을 위한 글 쓰는 일은 처음이었다. 그러나 친구에게 책을 쓸 거란 말을 뱉고 나서부터 신기하게도 글을 쓰기 위해 여기저기서 글쓰기와 관련된 소식들이 들려왔고, 나조차도 글쓰기에 노력하는 모습이 느껴졌다. 말과 글의 힘이 느껴졌던 순간이었다. 공공도서관 프로그램과 모임을 통해 글쓰기 방법을 배웠고, 관련된 책을 도서관에서 빌려 읽었다. 책 만들기 수업과 글쓰기 모임에서 자주 듣는 말이 있었다. 바로 일단 쓰라는 것이다. 망설이지 말고, 한 줄이라도 끄적이는 게 답이다. 고민하지 말고 타자를 두드리며 막 써야 한다. 뭐라도 써야 한다. 200페이지에 달하는 책을 만들기 위해선 한 줄 한 줄이 모여 한 문단이 되고, 문단을 모여야 한 꼭지가 되는 것이다. 이 꼭지들이 수십 개가 모이면 비로소 책이 된다. 기다림은 필요 없다. "올해 내 책을 쓸 거야.", "난 오늘부터 작가다."라고 말을 뱉어버리자. 그 순간 우리는 작가다. 말과 글의 힘을 믿어라. 반드시 그대들을 작가의 세계로 데려다줄 것이다.

국어사전에 '우물쭈물'이라는 단어를 찾아보면 이렇게 쓰여 있다. 행동 따위를 분명하게 하지 못하고 자꾸 망설이며 몹시 흐리멍덩하게 하는 모양. 분명하지 못함을 의미한다. 망설이며 우물쭈물할 시간이 없다. 언젠간 우리는 생을 마감하며, 소중한 사람들의 곁을 떠나야 한다. 글을 쓰자 마음을 먹었다면 나처럼 시간을 허비하며 지내지 않길 바란다. 나는 책을 쓰고 싶다는 마음을 먹고 오랜 시간 허송세월로 보냈다. 하지만 망설임 없이 뭐라도 막 쓰기 시작한 1년 동안 〈브런치스토리〉의 작가가 되었고, 독립출판 에세이 《안녕, 크론씨》와 공저 《필사 시크릿》까지 출간했다. 기다릴 필요 없다. 펜을 들어도 좋고, 노트북을 켜도 좋다. 일단 시작해야 한다. 한 줄 한 줄이 모이면 결국 책의 모습으로 바뀌는 놀라운 경험을 할 수 있다. 맞춤법이 틀렸는지 생각하지 마라. 띄어쓰기도 고민하지 마라. 일단 써놓고 시간을 흘려보내고 난 뒤 묵혀둔 글을 꺼내 다듬어도 늦지 않는다. 잘 써보려 망설이는 시간은 우리를 한없이 기다려주지 않는다. 후회 없이 막 써보길 바란다.

시작은 베껴 쓰기, 마지막은 내 글쓰기

빈손과 맨몸으로 출근하기엔 세상은 너무나 공격적이다. 유리멘탈을 가진 나는 아주 약한 외부공격에도 산산이 부서졌다. 냉정하고 객관적으로 평가하자면 외모는 강해 보인다. 센 이미지 탓에 타인의 험한 말을 아무렇지 않게 넘기는 것처럼 보이지만 실제는 전혀 아니다. 가끔 씩씩하게 이겨내기도 하나 대부분은 공격받았던 말을 담아두었다가 날을 잡고 상대방에게 되돌려 줬다. 어찌도 그리 좁은 마음이었는지. 다친 마음을 그대로 돌려줬다. 직장생활은 나에게 전쟁터였다. 출근과 동시에 업무를 시작했다. 여유는 찾아볼 수 없었다. 월급 받은 만큼만 밥값을 하려 했다. 나를 고용했으니 그만큼의 성과는 내는 것이 맞다 생각했다. 하지만 출근 전 심장이 터질 듯했고, 얼굴은 달아올랐으며 정신은 명한 상태가 지속됐다. 지옥에 다녀와 본 적은 없었으나 출근 전이 나에게는 매일 열리는 지옥문이었다.

출근길은 늘 평범하지 않았다. 불안과 긴장을 모두 짊어지고 집을 나서기엔 지치고 힘들었다. 지옥을 천국으로 바꾸고자 하는 노력. 그 시작이 필사였다. 출근 전 간단히 책을 읽고, 좋은 글귀나 힘이 될 만한 문장을 다이어리에 고스란히 적었다. 필사하고 나면 마음이 든든했다. 아침밥을 먹고 배를 채운 것처럼 허전함이 없었다. 시간이 지날수록 내 감정을 글로 쓰는 것이 쉬워졌다. 그리고 하루를 돌아보기에 글쓰기만큼 편하고 좋은 게 없었다. 필사로 아침을 시작했지만, 저녁이 되면 나의 이야기를 써 내려갔다. 업무를 하며 경험했던 모든 일은 글감이 됐다. 지나가는 사람조차도 이야기의 주인공이 됐고, 잠깐 스쳤던 상황에도 생각이 번쩍였다. 요즘 나는 필사로 아침을 워밍업하고, 저녁이 되면 나의 이야기로 하루를 마무리한다. 근무지가 여러 사람 출입이 잦은 곳이라 퇴근 시간이 되면 글감이 한 보따리 생긴다. 집에 오면 글감들을 머릿속에 펼쳐놓고 본격적으로 글을 쓴다. 노트북을 사용하지 못할 때는 간단히 휴대전화로 메모장이나 블로그에 단어만 써 놓는다. 필사는 가벼운 몸풀기다. 그리고 저녁 글쓰기는 본격적인 운동이다. 필사로 아침의 몽롱한 정신을 깨우고, 밖으로 나가 사람들을 마주하며 이야기 나누고 글감을 얻는다. 세포 하나하나가 경험했던 이야기는 다시 나만의 이야기로 재탄생한다. 이 소중한 이야기들은 차곡차곡 쌓여 한 권의 책이 될 수 있다. 세상에 단 하나밖에 없는 나만의 이야기로 만들어질 수 있다.

중환자실에는 선배 간호사가 여러 명 있었다. 업무가 많아 본인 일을 하다 보면 신규간호사에게 자세히 가르쳐 줄 시간이 없었다. 바쁜 선배 간호사를 붙잡고 질문하기도 눈치 보였고, 가르쳐달라 말을 꺼내기는 더더욱 힘들었다. 그러나 유독 중환자실 선배 간호사들은 바쁜 와중에도 신규간호사인 우리 동기들을 잘 챙겨주셨다. 지상의 천사였다. 선배들은 약물 투여 방법, 수액 세팅과 어려운 기기 조작까지 자세하게 설명해 주었다. 직접 시범을 보이고 우리가 따라 할 수 있게 기다려주었다. 자세를 교정해주기도 하고, 투약사고가 나지 않도록 주의사항도 여러 번 설명해 주었다. 환자의 생명을 다루는 일이기에 한 치의 오차도 용납할 수 없었다. 신속하고 정확해야 했다. 부서의 특성상 응급상황은 자주 발생했다. 그때마다 나는 선배들의 행동을 눈으로 동영상 촬영하듯 기억했다. 환자의 자세는 어떠했고, 처치 후에는 어디로 연락을 하는지 빠르게 스캔했다. 응급상황이 종료되면 하나라도 잊어버릴까 다급히 적었다. 집에 와 적었던 내용을 정리하고 상상하며 순서를 반복했다. 선배들의 모습을 베꼈다. 솔직히 말투와 글씨체까지 따라 했다. 가끔은 출근 전 마시는 음료까지 따라 마셨다. 타부서에 연락을 취할 때도, 인수인계할 때도 선배들의 모습을 따라 했다. 어쩔 수 없는 최선의 선택이었다. 스스로 터득하기에는 시간이 없었다. 그렇게 오랜 시간 그림자처럼 따라 하던 노력은 다행히도 나를 배신하지 않았다. 선배 없이 동기와 내가 근무하던 어느 날, 응급상황이 발생했다. 순간 움찔했지만 여러 번 상상하고 연습했기에 무엇을 해야 할지 알았다. 그리고 몸이 먼저 움직였다. 떨리는 손으로 연락을 취하고 의료진들과 처치를 하면서도 혹시나 빠뜨린 건 없는지 선배들의 모습을 계속 떠올렸다. 그날 동기와 나는 무사히 응급상황을 마무리했고, 환자도 곧 회복했다.

모방은 새로운 일에 익숙해지는 데까지 걸리는 시간을 단축해준다. 그것이 굉장히 효율적이고, 도움이 되는 행동이면 더더욱 따라 해야 한다. 1분 1초가 아쉬운 상황이라면 빠르고 정확하게 기억을 되살려야 한다. 따라 할 수 있는 모델이 있다는 건 행운이다. 모방의 기술이 축적되면 또 다른 노하우가 만들어지고, 나만의 방식으로 환자를 케어 할 수 있게 된다. 선배들을 따라 하던 내 모습은 지금 책을 펼쳐놓고 글을 베껴 쓰는 모습과 많이 닮아있다. 좋아하는 책을 펼쳐놓고 따라 쓰고 있자면 책 속에 들어가 주인공들과 이야기 나누는 것 같다. 때론 작가에게 묻기도 하고, 글을 쓴 공간마저 상상하게 만든다. 그대로 베껴 쓰는 필사를 하고 나면 결국엔 나만의 방식으로 이야기를 풀어나가고픈 욕심이 생긴다. 그럴 때 나는 글을 쓴다. 짧은 글도 써보고, 긴 글도 써본다. 가끔은 시를 쓰기도 한다. 누구를 닮아가고 그 사람의 행농을 따라 하다 보면 곧 나의 이야기가 만들어지는 걸 경험하게 될 것이다. 누군가의 행동을 모방해보자. 그 누구도 할 수 없는 멋있고, 짜릿한 나만의 이야기가 눈앞에 펼쳐지고, 그대들은 놀라운 경험을 하게 될 것이다.

이 책은 두 번째 공저다. 첫 공저는 필사 즉 베껴 쓰기로 시작했다. 한동안 꾸준히 필사했다. 필사는 진실로 즐거웠으며, 근심과 걱정을 사라지게 하는 마법 같았다. 삶의 무게가 느껴지지 않을 정도로 우울과 불안을 가볍게 만들었다. 얽혀있는 생각을 풀어주기도 했고, 널브러진 마음을 쓸어 담아주기도 했다. 글에서 해답을 찾기도 했다. 위기의 순간에도 필사를 멈추지 않았다. 다 포기하고 싶은 순간에도 눈물을 흘리며 필사했다. 힘든 시간은 어느새 흘러갔고, 필사는 글쓰기의 시작을 알려주었다. 두 번째 책 초고를 쓰는 과정에서 나는 필사를 멈추지 않았다. 글은 한순간 뚝딱하고 나오지 않는다. 최소한 나의 경험으로는 그랬다. 남의 글을 베껴 쓰는 일을 하고 나서야 나의 이야기가 나왔다. 책에서 아이디어를 얻고, 타자를 두드리며 글 쓰는 마음을 탄탄히 다졌다.

남의 이야기를 적어보는 필사로 글쓰기를 시작했지만, 언제부턴가 나의 이야기를 들려주고 싶었다. 필사를 통해 느꼈던 변화를 혼자만 알기엔 너무 아까웠다. 억울한 일로 화가 날 땐 필사하며 마음을 가라앉히고, 나를 들여다보는 시간을 가졌다. 그렇게 필사의 시간은 나의 감정을 오롯이 느끼도록 만들었다. 우연히 도서관에서 발견했던 책 《내 인생 첫 책 쓰기 비법은 필사이다》를 통해 필사를 시작했고, 이제는 나의 이야기를 하는 작가가 되었다. 아무것도 아닌 평범한 사람이 베껴 쓰는 작은 행동을 시작했고, 결국엔 글을 쓰는 사람이 된 것이다. 어려울 것 없다. 책은 쓰고 싶지만, 무엇부터 시작해야 할지 모르겠다면 필사가 답이다. 글쓰기가 어렵다면 필사부터 시작하면 된다. 의심할 수 있다. 하지만 남의 글을 베껴 쓰다 내 글을 쓰고 있는 나도 있다. 나는 정말 평범한 사람이다. 그러니 그대들도 반드시 성공하리라 믿는다. 필사를 시작하고, 글을 써보자. 나보다 잘 할 수 있다.

글 쓰는 이유는 다양하다. 나를 찾기 위한 여정이거나 순간을 기록하고 싶은 마음도 있을 것이고, 밥벌이로 글을 쓰는 경우도 있다. 처음부터 자신의 목소리를 내기는 쉽지 않다. 어렵다. 'A4 두 장은 금방 쓰겠는데' 이렇게 마음먹고서 백지만 가만히 바라보다 몇 날 며칠을 보낼 수 있다. 아무것도 못 할 것 같다면, 글쓰기가 두렵다면 필사를 시작해보자. 천천히 한 줄씩, 한 문단씩 쓰면 된다. 남의 글을 쓰는 것이 익숙해지면 곧 내 글을 쓰고 싶다는 생각이 자연스럽게 들 것이다. 독자로서 느끼는 감정과 반대되는 의견도 말하고 싶어진다. 그럴 때 망설이지 말고 쓰면 된다. 이것저것 생각하지 말고 내 글을 쓰면 된다. 글쓰기에는 정답이 없다. 빈 화면을 앞에 두고 이 생각 저 생각 해봐도 글이 나오지 않는다며 속상해하지 말자. 시작은 가볍게 베껴 쓰기로, 마지막은 묵직하게 내 이야기로. 할 수 있다. 누구든지 할 수 있다.

몸과 마음이 아플 땐 글을 쓰자

2022년 여름. 공공도서관 독립출판물 제작 프로그램에 참여했다. 글을 몇 편 올리고 난 후, 강사님으로부터 〈브런치스토리〉에 글을 써보는 건 어떻겠냐는 제안을 받았다. '브런치스토리가 뭔가요?' 글쓰기에 무지했던 나는 그제야 공개 글쓰기 사이트가 있는지 처음 알게 되었다. 로그인하고 〈브런치스토리〉를 확인했다. 이런 세상을 이제야 알다니. 온갖 다양한 장르의 이야기와 많은 사람의 생각 집합소였다. 작가의 글에 접근하기도 쉬웠으며, 자유롭게 읽고 댓글도 남길 수 있어 모든 게 놀라웠다. 독립출판물 제작을 위해 글을 쓰고 있던 터라 목차와 3편의 이야기를 보내고 승인되기를 기다렸다. 다행히도 첫 시도에 합격. 독립출판물 제작과 같은 시기에 〈브런치스토리〉에 글을 쓸 수 있게 되었다. 내가 글을 쓴 이유는 오로지 한 가지 목적이었다. 투병 기간 동안 누군가로부터 위로를 받기도 했고, 다른 환자들을 보살펴주는 간호사이기도 했다. 받았던 마음만큼 나의 글로 위로와 희망을 돌려주고 싶었다. 공개 사이트에 글을 쓴다는 건 쉽지 않았다. 조용히 살고픈 나에게는 더더욱 힘든 결정이었으나 가만히 있다가는 내 삶이 수면 아래로 잠겨버릴 것 같아 더는 미루기 싫었다. 그렇게 〈브런치스토리〉에 글을 쓰는 날엔 나는 나 자신과 용기 있게 마주했다.

처음 글을 올렸던 날이 생각난다. 작가가 되었다는 소식을 알리고, 많은 사람으로부터 연락을 받았다. '이런 일이 있었는지 몰랐다', '잘 견디고 있는 네가 자랑스럽다', '나도 암 투병 중이야'라는 말까지. 나의 글로 어떤 이는 위로를 받고 또 어떤 이는 힘을 얻었다며 말했다. 지인들의 연락보다 모르는 이들로부터 전해오는 글은 마음을 울리기에 충분했다. 내가 처음 글을 쓰겠다고 마음먹었던 그 이유. 누군가에게 힘이 되고자 글을 썼다. 글을 쓴다는 건 위로를 주기 위함이기도 했지만, 결국엔 나 자신을 돌아보는 일이 되었다. 독자들로부터 응원 받을 수 있었던 감사한 시간이었다. 이젠 통증이 심한 날을 제외하고 꾸준히 글을 쓰고 있다. 놀랍게도 글을 쓰면 가벼운 통증은 잠시 잊곤 한다. 진통제 역할을 해주는 글쓰기가 한없이 고맙다.

언급했지만 나는 오래전 희귀난치성 질환인 크론병을 진단받았다.

근무시간에는 환자를 돌보는 간호사로 그리고 가운을 벗고 나면 환자로 돌아왔다. 크론병은 음식 섭취와 생활습관이 중요하다. 규칙적이지 못한 교대근무는 포기했고, 못 먹는 음식이 많아 모르는 사람이 보기엔 편식 심한 사람으로 보였다. 크론병의 주 증상은 설사와 복통이다. 진통제를 먹고 나면 견딜만했지만, 약으로도 견디기 어려운 날엔 끙끙거리며 침대에서 이리저리 뒹굴었다. 마냥 환자로 침대에 누워있는 모습이 싫었다. 그래서 버틸 만한 날엔 책을 읽었다. 필사하고, 글을 썼다. 스스로를 통제할 수 있는 범위 내에선 뭐라도 했다. 병이 길어지니 이젠 조금 익숙해져 웬만큼 아픈 건 견딜 수 있었다. 매일 아프다 보니 적당히 아픈 날엔 약을 먹고 하고 싶은 일을 그냥 했다. 당연히 힘이 들었다. 하지만 365일 누워만 있을 순 없었다. 가만히 누워 숨만 쉬고 있으니 통장 잔고는 바닥나고 생활은 불가능했다. 뭐라도 하며 밥벌이는 해야 했다.

만성 염증성 질환 환자인 나에겐 필사와 글쓰기가 진통제 역할을 했다. 극심한 통증에는 아무것도 못 하고 소리만 질렀지만 약을 먹고 가라앉을 정도의 통증이라면 참고 글을 썼다. 아프지만 안 아픈 척하는 가식적인 글 말고, 솔직하고 내 감정이 온전히 드러난 글을 써 내려갔다. 한동안 아픈 날엔 글을 쓰기 싫었다. 쓰지 않았다. 나중에 쓴 글을 다시 읽게 되면 내 삶이 아픈 날만 가득했던 것처럼 안쓰럽거나 불쌍할까 봐 글을 쓰지 않았다. 그렇게 아픈 날엔 글을 쓰지 않다 보니 한참을 못 썼다. 한마디로 매일 아프니 매일 글을 쓰지 않았다. 그래서 결정한 게 전부

솔직하게 '그냥 쓰자.' 였다. 아프면 아프다고 쓰고, 견딜 만하면 견딜 만하다고 쓰는 것이었다. 그날의 통증은 그림으로 그려보기도 했다. 글을 쓰고 나면 후련해졌다. 속상한 마음에 울기도 하고, 새로운 음식에 도전하고 괜찮은 날엔 신이 났다. 쓰기 전엔 왜 나만 아픈 건지, 왜 나에게 이런 병이 찾아왔는지 억울한 마음이 한가득 이었다. 하지만 글을 쓰고 나면 속이 후련하고 시원한 느낌을 받았다. 아픈 사람일수록 글을 써보길 바란다. 나의 오늘이 어땠는지, 견딜 만했는지 적어보면 한결 속이 후련해질 것이다. 누가 본다는 생각 말고 내 마음 고스란히 느끼는 대로 적어보길 바란다. 몸과 마음의 고통이 조금은 가벼워질 것이다.

아프기 시작하고 초반에는 견딜 만했다. 그러나 시간이 지날수록 몸도 지치고 마음도 견디기 어려웠다. 병원 치료를 위해 일을 그만두면 쉬는 동안 수입 없이 지출만 있으니 매번 주머니 사정은 어려웠다. 경제적 어려움은 아픈 몸에 이어 마음까지 무너뜨리기에 충분했다. 시도 때도 없이 찾아오는 통증은 사람을 피폐하게 만들었다. 벼랑 끝에 섰지만 포기하기 싫었고, 뭐라도 해봐야겠다는 생각에 상담센터로 찾아갔다. 상담 선생님은 책을 좋아하는 나에게 빅터 프랭클의 《죽음의 수용소에서》 책 내용을 전하며 인생 2막을 시작해보는 게 어떻겠냐 물었다. 꼭 전문직이 아니더라도 할 수 있는 일이 분명히 있을 것이라며 한껏 힘을 실어주었다. 내가 좌절하고 실패자라 생각했던 이유는 아마 간호사가 내 천직이라는 믿음과 집착 때문이었는지 모른다. 모든 가능성을 열어 놓고 다시 시작해보기로 마음먹었다. 무엇이든 해보고 실패와 도전을 반복하며 내가 할 수 있는 일을 찾아보기로 했다. 어차피 내가 서 있는 곳은 바닥이니 더 이상 포기할 것도 잃을 것도 없다는 생각에 뭐라도 해보기로 했다.

나는 글을 썼다. 감정과 마음을 있는 그대로 바라볼 수 있었던 건 오로지 글이었다. 노트에 손으로 글을 쓰고, 키보드 자판을 두드렸다. 아무것도 생각나지 않을 때까지 필사했다. 그리고 필사가 끝나면 내 이야기를 썼다. 바닥나 버린 자존감, 눈을 뜰 수 없을 만큼 펑펑 울었던 날의 내 모습, 일하며 행복했던 순간까지 모두 다 기록했다. 지쳐버린 몸뚱이를 내다 버리고 싶었다. 그러나 글을 쓰며 주위를 둘러보니 나로 인해 행복해하는 사람들이 보이기 시작했다. 먼 곳에 사는 친구는 나와 만나 수다 떨 날만을 기다렸고, 수녀님이 된 친구는 나를 위해 기도하고 있다 말했다. 오래된 사진 속 아버지와 어머니는 어린 나를 바라보며 환하게 웃고 있었다. 나는 이런 감정들을 놓치고 싶지 않아 글을 썼다. 할 수 있는 일들을 찾으며 글 쓰는 사람이 되었고, 나를 아껴주는 사람들을 위해 삶을 지속하게 되었다. 글은 단순히 종이 위에 쓰인 직선과 곡선들의 나열이 아니다. 삶과 행복을 농축시킨 엄청난 에너지를 가진 존재다. 마음이 아플 땐 나를 위해 그리고 내 사람들을 위해 글을 써보길 바란다. 아무것도 못 한다고 생각하지 말자. 글의 힘은 반드시 존재한다.

글을 쓸 때 포기하지 않는 이유는 아픔의 시간을 헛되이 보내지 않고, 더 잘 견디기 위함이다. 무력함으로 채우기 싫다. 지난 시간을 뒤돌아보며 또 후회하고 싶지 않다. 쓰는 삶을 살고 싶다. 가능하다면 버티는 삶보다 즐기는 삶을 살고 싶다. 아픔이 있다면 글을 써보자. 고통에 흔들리는 나와 정면으로 마주하고, 고난과 시련을 뚫고 부숴버리자. 쓰다 보면 내가 어떤 상황에 놓여 있는지, 내가 겪고 있는 문제가 무엇인지 흐릿했던 모습은 점점 선명해진다. 글을 쓰며 어려움을 해결하기 위한 방법을 찾아보자. 더 이상 망설일 필요 없다. 우리의 시간은 그 무엇보다 소중하다.

글쓰기, 혼자 말고 함께하자

한 면접관이 질문했다. "병원에서 감염관리 업무를 담당했던데, 독립적인 업무 아닌가요? 여러 부서와 함께 일을 해야 하는 상황에 잘하실 수 있을까요?" 나는 씩씩하고 당당하게 답했다. "감염관리야말로 병원의 모든 부서와 협력하며 일을 해야 하는 파트입니다." 그렇다. 감염관리는 한 장소나 특정 부서에만 국한되어 행해지지 않는다. 병동, 특수부서, 전산, 청소영역까지 병원 전 범위의 업무를 두루두루 알고 있어야 한다. 환자의 이동, 검사 순서까지 세세히 알아야 한다. 나는 뛰어난 감염관리간호사는 아니었지만, 열심히 하려했다. 중환자실 경력만 가지고 감염관리를 해야 했기에 부족한 부분은 실장님이 준 자료와 책을 가지고 학회에 참석하며 공부했다. 지금은 감염관리실 업무를 하지 않지만, 병원에서 근무했던 경험은 참으로 소중했다. 일을 하며 각 부서의 고충도 알게 되었고, 해당 부서에서는 왜 그런 방법을 선택했는지 이해하게 되었다. 요청하는 정보를 전달하기 위해 교육도 진행하고 문서로도 알렸다. 혼자서는 할 수 없었다. 병원 전체를 혼자서 어떻게 해보겠다는 건 애당초 말이 안 되는 소리였다. 병원 모든 직원이 함께했고 도와주어야 가능했던 일이다. 지금 생각해보면 너무나도 감사한 일이었다. 각자의 자리에서 환자들을 위해 최선을 다했던 그들의 노고가 지금도 느껴진다.

아는 게 없어 할 수 있는 일이 많지 않았다. 여기저기 물어보고 정보를 얻었다. 여러 부서 직원들의 도움으로 감염관리를 배워 나갔다. 혼자서는 할 수 없는 영역이었다. 그리고 정말 감사하게도 도움을 요청했을 때 그들은 나의 부탁을 매몰차게 거절하지 않았다. 이 또한 감사한 일이었다. 싫다거나 바쁘다 하지 않고, 더 필요한 것이 없냐며 물어봐 주었다. 혼자서 할 수 없는 일은 주변에 도움을 요청하자. 부끄럽게 생각하지 말고, 도와주지 않을 거라 미리 판단하지 말고 말해보자. 나는 힘든 과정 속 소중한 경험을 가지고 타인에게 내 것을 나눠줄 수 있게 되었다. 혼자 할 수 없는 일들은 함께하면 훨씬 수월하다. 부담이 없다. 겁먹지 말고, 가벼운 마음으로 부탁해보자. 오히려 상대방이 기다리고 있을지도 모른다. 당신의 용기는 그들에게 기쁨이 될 것이다.

조금만 신경 써서 찾아보면 무료로 책을 출판하거나 글 쓰는 방법을 배울 기회가 있다. 나는 책 읽는 걸 좋아하고, 책을 쓰고 싶어 하는 사람으로 주변에서 인식했다. 친구들과 지인들은 생일이나 특별한 날엔 문화상품권이나 책을 선물해 주었다. 어느 날 후배 K를 통해 공공도서관 책 쓰기 프로그램을 알게 되었다. 독자에서 작가가 되는 프로그램이었는데 한번 해보지 않겠냐는 말을 해주었다. 독립출판물을 만드는 공공도서관 프로그램은 디자인 프로그램 구입비용을 제외하고 모두 무료였다. 2년 전 처음 시작된 프로그램은 약 25주 정도의 기간으로 진행됐다. 신청자들이 많을 것 같은 느낌에 일단 최대한 빨리 신청하려 했다. 접수 날 오랜만에 대학생 때 수강 신청했던 느낌으로 컴퓨터 마우스를 잡았다. 엄청난 집중력과 스피드가 필요했다. 연습까지 몇 번 마치고 기다린 후 드디어 9시. 신청 성공. 손바닥이 아플 정도로 감격의 박수를 쳤다. 그렇게 운 좋게도 공공도서관 프로젝트에 나를 포함한 25명이 함께 글을 쓰게 되었다.

글이라고는 일기 쓰기와 필사가 전부였고, 고등학교 국어 시간에는 창밖을 바라보느라 수업도 제대로 안 들었던 학생이었다. 그래도 티끌만큼 희망적이었던 건 기억도 나지 않는 초등학교 생활기록부에 책 읽기를 좋아하고, 독해 능력이 뛰어났다는 기록 정도였다. 그렇게 글쓰기가 뭔지도 모르는 나와 예비 작가들은 J작가의 강의를 들으며 글을 썼다. '흰 건 종이요, 검은 건 글씨로다' 마음으로 글을 썼다. 글쓰기는 함께 했기에 끝까지 할 수 있었다. 짧은 시간이 아니었다. 수십, 수백 번 포기하고 싶었다. 우리는 함께 울고 웃으며 글을 썼다. 팀별로 응원과 격려를 서로에게 아낌없이 보냈고, 진행 상황도 공유했다. 일정표에 맞춰 진행하니 어떻게든 쓰게 되었다. 그리고 도서관 관계자들과 O 디자이너, 독립책방 사장님들의 역할이 매우 컸다. 디자인의 디근도 모르는 나에게 표지와 내지, 글씨체 작업까지 알려주느라 O 디자이너는 잠자는 시간까지 내어주었다. 긴 시간을 보내고 많은 사람들의 노력이 더해져 책이라는 결과물로 눈앞에 나타났다. 혼자라면 너무나 외롭고 기나긴 싸움이었을 것이다. 처음 쓰는 글이라 어디서 어떻게 시작해야 할지 막막했고, 두려웠다. 하지만 J 작가와 O 디자이너는 우리에게 빛을 비춰주는 등대 역할이 되어 주었고, 함께 글을 썼던 동기들은 글동무가 되었다. 혼자 하기 어렵다면 누군가와 함께하자. 손을 내미는 것도 한 가지 방법이다. 괜히 목에 힘주지 말자. 글쓰기에 대한 부담감이 훨씬 가벼워질 것이다.

독립출판물 제작과 동시에 자기계발서까지 쓰게 되었다. 《A4 2장 쓰면 책 1권 쓴다》의 저자 나애정 작가는 함께 글을 써보지 않겠냐며 책쓰기를 권유했다. 아마 혼자서 자기계발서 한 권을 쓰라 했다면 당연히 시도도 안 해봤을 터. 나애정 작가는 공저 쓰기 모임 〈책성원〉 리더다. 공저란 책을 두 명 이상이 쓰는 것을 말하는 데 부담이 적을 것 같아 도전했다. 독립출판 에세이는 글 분량이 적어 부담이 조금 덜 했지만, 자기계발서 책 한 권은 감히 엄두가 나질 않았다. 하지만 5명이 나눠서 쓴다 생각하니 훨씬 가벼운 마음으로 시작할 수 있었다. 차곡차곡 글을 써 내려갔고 책의 1/5페이지 분량인 나의 몫을 해냈다.

글쓰기 두려운 사람은 출간에 대한 장벽 자체를 낮추는 일이 중요하다. 시도하지 못하겠다면 여러 명이 나누어 글쓰기에 대한 부담을 줄이는 것이 한 가지 방법이라 하겠다. 200페이지의 분량을 다섯 명이 나눠 쓴다면 40페이지로 부담감이 줄어든다. 함께 책을 만드는 과정은 분량의 부담을 줄여주기도 하지만 책이 출간될 때까지 포기하지 않게 많은 이들이 끌어주고 도와준다. 초고를 쓰고 나면 지쳐서 포기하고 싶고, 퇴고할 때면 더는 할 수 없다고 또 포기하고 싶어진다. 그럴 때마다 공저를 약속한 작가들과 공동의 목표를 가지고 다짐하며 다시 일어서게 된다. 인생 첫 책은 출간하는 데 목적을 두었으면 한다. 책이 출간되고 나면 '해냈다.'라는 자신감과 함께 '나도 할 수 있다.'라는 용기가 지속해서 글을 쓰게 만든다. 스스로 작가라 믿게 되고 나에 대한 신뢰가 꾸준히 글을 쓰게 하는 원동력이 되는 것이다. 출간의 목적이 단순히 경제적인 문제가 아니라면 공저 쓰기를 통해 자신감과 용기를 얻을 수 있게 함께 글을 써보길 권한다.

가끔 유튜버들이 '6시 기상 미라클 모닝'을 함께 해보자고 알린다. 내가 구독하는 유튜버들 역시 종종 기상 미션을 했고, 나 역시 힘들었지만 그래도 꾸준히 출석했다. 혼자 했다면 기상 미션은 실패했을 것이다. 아침 일찍 함께 하는 사람들은 약 50명~200명 정도 됐다. 미션 성공을 위해 6시에 매일 만나다 보니 서로 반갑고 안부까지 묻는 사이가 되었다. 유튜버들도 진정성 있게 구독자들을 대했다. 기상 후 출근 준비도 하고, 글을 쓰고, 운동하는 사람들도 있었다. 함께 나눴던 시간은 성취감을 선물해 주었다. 작은 일의 성공은 내가 더 많고 다양한 일을 시도해볼 수 있는 초석이 되었다. '오늘도 힘을 내보자', '함께 할 수 있어 고맙다', '감사하다' 이런 말과 함께 하루를 시작할 수 있어 행복했던 시간이었다. 나는 또 다른 누군가가 함께 기상 미션에 도전하자 한다면 주저 없이 할 것이다. 혼자 하면 포기하고픈 마음이 들고, 내가 그만두더라도 아무도 모르니 실제로도 포기하게 된다. 누군가에게 말을 뱉어놓고 함께 하는 사람을 옆에 두면 그만큼 효과는 배가 된다. 매번 책을 써보겠다고 말해놓고 수없이 시도와 포기만 반복하고 결과는 얻지 못했다면 혼자보다는 여럿이 함께하길 권하고 싶다. 글 쓰는 사람들과 발을 맞춰 끝까지 전진한다면 반드시 결승선을 통과할 것이다. 많은 이들이 그대 손을 잡고 속도를 맞추며 걸어갈 것이다. 옆에서 응원해주고 기다려주며 당신을 홀로 두지 않을 것이다. 혼자가 어렵다면 함께하자. 멋진 결과가 그대들 앞에 펼쳐질 것이다.

제5장
말 못할 아픔이 있다면, 글로 쓰라

김상진

나다움을 만나기 위해 쓴다

SELF란 심리학 용어로 "참된 자기"란 뜻이다. 분석심리학의 거장 카를 구스타프 융은 인생이란 자기다움을 완성해가는 과정으로 보았다. 그의 이론을 빌려 주목받고 있는 심리검사가 있다. 바로 'MBTI 성격검사'다. 이 검사는 외향성과 내향성을 비롯한 4가지의 특성을 파악해서 각 사람의 타고난 성향을 알려준다. MBTI는 융의 '심리적 유형론'을 토대로 마이어스 브릭스 모녀가 체계화하여 사람들에게 보급했다. 지금도 수많은 이들이 'MBTI'를 통해 도움받고 있다. 자신이 가진 고유한 성격을 이해하고 강점과 약점을 알 수 있다. 이를 적절하게 활용한다면 관계, 진로 등 인생의 길을 찾는 데 큰 도움이 된다. 어쩌면 우리는 돌돌 말린 김밥처럼 수수께끼에 쌓인 채로 세상에 던져졌는지 모른다. '그 안에 어떤 재료가 들어있을까?' 이 재료가 쓰임 직하면 재능이자 강점으로 불린다. 쓸모가 없어 보이면 약점이라 부르기도 한다. 때때로 두렵다. '이 재료들이 세상에서 쓸모가 없으면 어쩌지?'. 우린 두려움과 망설임, 그 어디쯤을 살아내기도 한다. 지금도 누군가는 자신에게 주어진 재료의 사용법을 몰라 헤매고 있을지 모른다. 내게도 그런 날들이 있었다. 어떤 날은 기뻐서 방방 뛰거나, 어느 날은 침울해진 채로 깊숙한 동굴에 틀어박혔다. 지난날을 돌이켜 보면, 내가 원하는 점은 분명했다. 다른 사람과 구분된 나의 재료를 찾고 싶었다. 고유한 맛을 내고 싶었고, 나만이 지나온 결을 남기고 싶었다. 그 결이 발산하는 빛깔을 뽐내고 싶었다. 인생의 의미란 융이 말한 것처럼 '참된 자기를 발견하고, 완성하며 살아가는 일'이다. 그렇다면 참된 자기를 완성하는 과정 중에 난 지금 어디쯤 온 걸까? 앞으로 얼마나 더 가야 하는 걸까. 그 끝에서 내가 원하는 걸 만날 수 있을지 궁금하다. 한 가지 믿음은 나다움은 '결과'보다 나다움을 찾아가는 '과정'이 가치 있다는 점이다. 나다움을 이뤄온 무수한 방법과 흔적들을 사랑한다. 이어서 나다움을 이뤄 온 특별한 도구를 소개하고 싶다. 나를 지나간 수많은 만남이 있었다. 스승이나 친구처럼 인격의 형태거나 독서와 글쓰기 같은 비 인격의 형태였다. 그중에 오늘날 김상진, 상진다움을 만들어 온 도구, '글쓰기'를 소개하고 싶다.

'상진다움'을 만드는 쓰기란 네 가지였다.

"쓰기란 고립되는 순간이다."

"쓰기란 소화되는 과정이다."

"쓰기란 연결하는 시도이다."

"쓰기란 통합하는 시간이다."

쓰기란 고립되는 순간이었다. 한 자루의 펜을 가지고 하얀 여백 앞에 선다. 이 빈 여백을 나만의 언어로 채우는 과정이다. 일상에는 수많은 쓰기가 존재한다. 직업적 능력을 키우기 위해 공부하거나 삶의 현장을 서술하기 위함이다. 상담사 워크숍에 참여하며 도움이 될 만한 내용을 받아적곤 한다. 강연자들이 전하는 수업내용을 검은색으로 적고, 중요한 것은 빨간색 펜으로 칠한다. 추가하고 싶은 내 생각은 파란색으로 적었다. 수업에서 얻은 영감을 파란 펜으로 칠하며 나만의 고립된 영역으로 남겨 둔다. 두 번째로 노트북을 열고 타자기를 대하는 순간, 고립된다. 먹먹한 고독이 엄습한다. 이 고독은 세상의 목소리를 정화한다. 여러 매체에서 읽고 들은 정보들에서 벗어나려는 고요한 몸부림이다. 나를 둘러싼 복잡한 자극들로부터 멀어지고, 나의 마음에 가까워진다. 이내 쓰고 싶은 그림들이 떠오르고, 이를 언어로 모아서 직조한다. 내게 글을 쓰는 행위란 '세상으로부터 거리두기'였다. 타인과 매체로부터 누적된 타자의 언어들을 벗겨내는 시간이다. 나의 언어로 글감을 짜며 나다운 옷을 짓는 시간이다.

어느 정신분석학자는 이렇게 말했다. "자아란 다른 사람의 욕망을 욕망한다." 여기서 '자아'란 심리적인 나를 뜻한다. 해석하면, '나는 다른 사람이 원하는 걸 내가 원하는 것처럼 원한다'란 뜻이다. 무인도에 홀로 갇히게 된다면 어떨까? 그곳에서도 날 둘러싼 타인들의 욕망을 추구하게 될까? 나를 둘러싼 세상의 소리는 이렇다. "서른 중반을 지나는 즈음, 더 많은 부를 축적해야 한다. 시간을 보다 효율적으로 써야 한다."라고 말한다. 나라는 원본은 내팽개치고 남들과 같은 복사본으로 살라고 권한다. 자본주의의 승자가 되는 방법을 공식처럼 떠든다. 유튜브로 떠들고, 수많은 자기개발서를 통해 말한다. 이러한 세상의 소음에 노출되며 그들의 뒤를 따라가려 할 즈음 글쓰기가 나를 흔들어 깨운다. 내게 손짓하며 고립된 섬으로 초대한다. 그곳에선 세상의 소음이 적게 들린다. 글쓰기란 고립된 섬이 탄생하는 순간이다. 이 섬에서는 타자의 욕망과 상관없이 나의 욕망에 집중한다. '나의 삶을 의미 있게 하는 것은 무엇일까?', '내 실력을 키우기 위해 어떤 노력을 하고 있을까?', '내가 원하는 삶을 원하는 방식대로 살아내고 있나?' 스스로 질문을 던지고, 글자를 적으며 해답을 낸다. 그들은 내게 이렇게 하라고 했는데 이는 '내가 추구하는 가치와 맞는 걸까?' 묻는다. 내가 추구하는 결이 그와 맞았다면, 그 길을 향해 걷는다. 그렇지 않다면 쓰기의 바다에 머무른다. 쓰기에 더욱 고립되어 나만의 공간을 키운다. 세상에 나를 빼앗기지 않도록 나만의 심적, 영적 공간을 확보한다. 키운 공간은 또다시 고립된 섬이 되어 나를 둘러싼 세상을 씩씩하게 살아낼 '상진다움'을 만든다.

  쓰기란 소화되는 과정이다. 2년 정도 과민대장 증후군을 앓았다. 코로나가 시작되던 2020년 더웠던 여름, B사에서 판매하는 '매운맛 치킨'을 먹었다. 그 날밤부터 설사병이 시작되었다. 남모를 이 부끄러운 병은 장장 2년 동안 이어졌다. 좋아하는 커피 몇 모금도 허락하지 않았다. 차가운 물, 아이스크림은 1년 동안 못 먹었다. 그 내용물이 액체가 되어 그대로 흘렀기 때문이다. 몇 곳의 병원에 다녔으나 고약한 기분만 남긴 채 회복되지 못했다. 이 병은 내게 많은 교훈을 남겼다. 누군가에게는 영양가 있고, 맛있는 음식일지라도 내가 소화할 수 없는 음식은 못 먹는다. '위장 트러블메이커'일 뿐이었다. 나의 체질을 알았다. 나의 몸에 적합한 음식이 있음을 알았고, 과식을 멈추게 되었다. 얼음, 탄산음료, 밀가루 음식 등 내게 해로운 음식과 결별했다. 남들이 선호하고 좋아할는지 알 수 없으나 나의 결에 맞는 음식을 먹어야 했다. 기꺼이 그렇게 했다.

  나에게 글쓰기는 '소화하는 작업'이다. 글쓰기는 내가 흡입한 여러 지식, 관계, 경험을 소화하는 과정이다. 일상에서 생존하기 위해 억지로 먹어야 했던 정보들을 구분한다. 내게 꼭 필요한 정보들을 분별해서 나의 정신에 공급한다. 그리고 취해야 할 정보와 버려야 할 정보를 구분하여 배설한다. 나아가 받아먹어야 할 정보를 가공해서 생활의 지혜로 바꾸어 놓는다. 글을 쓰는 지금 '나다움'이라는 낯선 언어를 나의 언어로 소화하였다. 글을 쓰는 과정에서 '나다움'이란 새로운 인식을 얻게 되었다. 그렇게 나는 유일한 내가 될 수 있고, 유일한 '나다움'으로 살아간다. 나의 주변에서 정의한 '바람직한 길'에서 벗어나 나만의 '엉뚱한 길'을 걷고 싶다. 세상의 수많은 글자를 나의 글자로 소화하며, 남의 길에서 빗겨나 나의 길을 걷게 했다. 이것은 글쓰기이다.

쓰기란 연결하려는 시도이다. '상진다움'에 있어서 말을 빼놓을 수 없다. 오늘도 어느 초등학교에 나가 마이크를 들고 수업했다. 주로 청소년을 대상으로 수업한다. 이 시간 동안 '나다움'을 자주 경험한다. 청소년에게 눈높이를 맞출 수 있는 정신연령이 한몫할 수 있으나, 수업은 준비를 요구한다. 수업의 종류는 인성교육, 자살 예방 교육, 학교폭력예방교육, 의사소통 교육 등 관계와 정서를 다루는 교육을 중심으로 한다. 이 모든 교육의 재료는 '말'에 국한되지 않는다. 몸짓과 눈빛, 어조 등의 비언어와 글자와 그림이 담긴 피피티에 달렸다. 마지막으로 쓰기에 굳건한 뿌리를 둔다. 어떤 책 쓰기 강사는 "8시간을 떠들 수 있는 사람은 한 권의 책을 쓸 수 있다"라고 했다. 마찬가지로 수업을 진행할 수 있는 지침과 다양한 예시, 나만의 표현방식은 글쓰기로만 완성된다. 실제로 한 번의 강의를 하기 위해 알아야 할 내용이 있다. 이 내용을 나의 말로 옮기기 위해 기획서를 작성하고, 학생들에게 나갈 교안을 여러 번 수정한다. 이 과정이 켜켜이 쌓이고, 삭아서 세상에 둘도 없는 상진만의 수업이 탄생한다. 글은 이처럼 다른 도구와 만날 때 새로운 콘텐츠로 열매 맺는다. 오래 가는 강사들은 다양한 저서로, 저명한 교수는 여러 편의 논문으로 실력을 뒷받침한다. 상진다움과 나의 수업은 오랜 기간 적어 온 쓰기의 조합으로 이루어졌다.

마지막으로 쓰기란 '통합하는 시간'이다. 쓰기의 완성은 통합에 있다. 몇몇 가지로 나다움을 온전히 표현할 수 없다. 오늘과 내일이 다르듯이 나는 고정된 실체가 아니다. 나다움의 온기와 숨결을 무엇으로도 증명할 수 없다. 고독 세 숟가락과 소화를 돕는 시간의 효모, 연결하려 했던 8할의 노력을 '글'이란 믹서기로 섞는다. 믹서 안에 휘감긴 모양과 색깔과 무게는 가늠할 수 없다. 이를 측정하는 순간 고유의 성질을 잃어버린다. 모두가 한데 어우러져 뭉쳐지고, 때때로 흩어지며 나라는 존재가 완성된다. 나는 이를 '통합하는 시간'이라 말하고 싶다. 차가움과 뜨거움이 한데 섞인다. 어제와 다른 오늘의 선택이 합쳐진다. 생각과 행동이 달라서 헷갈렸던 제각각의 모양들이 합체한다. 이 모든 조각이 모여 '내'가 된다. 이해되지 않았고, 때론 절망이자 혼돈이었던 순간들에 그럴 만한 이유가 부여되었다. 내가 살아온 모든 순간이 가치 있었고, 이 안에서 반짝반짝 빛나는 기억들이 온전한 나다움으로 재탄생된다. '글쓰기'란 믹서기는 내게 유용하다. 불편한 진실도 값지게 바꿔준다. 감추고 싶은 어둠의 기억을 길어 올려 보석을 발굴하기도 한다. 나에게 글쓰기는 믹서기이다. 살아온 흔적과 살아갈 미래를 끌어안게 해주었다. 글쓰기는 순간을 영원처럼 붙잡고, '나다움'으로 통합한다.

　글쓰기는 내게 '나다움을 만나고 헤어지는 과정'이었다. 어제의 나다움은 오늘의 나다움을 만나기 위해 좀 전에 떠나보냈다. 햇살이 비추는 카페 창가에 앉아 커피를 마시며 글을 쓴다. 이 순간을 '나를 만나는 시간'이라 부르고 싶다. 지금, 이 순간에 주어지는 수많은 감흥을 어찌 글쓰기로 다 담을 수 있을까?! 순간순간에 주어지는 반짝임을 나만의 시선으로 간직한다. 때가 이르면 수국의 수줍은 얼굴을 세우듯이 나다운 문체로 피워낸다. 이 순간을 영원히 기록하고 싶다. 기대된다. 언젠가는 이 갈망이 글로 나올 것을 안다. 글쓰기는 내게 다른 이들과 구별되는 정체성을 주었다. 아름다웠고, 값졌다. 카를 구스타프 융은 인생 여정이 '셀프'를 실현하는 과정이라고 했다. 내게 '셀프', 나다움을 실현하는 방법이 무엇이냐고 묻는다면 말하겠다.
　여러 가지가 있겠지만, 그 첫 번째는 글쓰기라고.

쓰면 길도 보인다

10년 전 강남, 어느 사무실에서 근무했다. '중소기업이 연대하여 함께 성장하자'라는 비전을 갖고 세워진 회사였다. 제법 그럴듯한 비전과 달리 수익모델이 부족했다. 업무와 상관없는 '강의실 대여'로 회사 수익을 올리고 있었다. 나의 사무실은 대여하는 강의실 벽과 밀접했다. 여러 강사가 오고 갔지만, 그날 유독 청명한 소리가 들려왔다. 그의 맑은 음성에 끌렸고, 청중에게 전하는 메시지에 솔깃했다. 내게는 '복음'처럼 들렸다.

"너희들은 10년 뒤에 무엇이든지 될 수 있어! 너희들은 젊기 때문이야. 이건희 회장이 억만금의 돈을 준다고 하더라도 너희들의 젊음과는 바꿀 수 없을 만큼 가치 있어. 너희들이 가진 이 소중한 젊음을 마음껏 누리고, 꿈꿨으면 좋겠다. 10년 뒤에 너희들은 전문가 될 수 있어. 너희들이 꿈꾸는 사람이 될 수 있어!" 업무를 보는 중이었으나, 그의 소리에 매료되었다. '10년 뒤에 나는 어디서 무엇을 하고 있을까?', '나도 10년 후에는 한 분야에 전문가가 되어 있을까?'

"여러분의 젊음은 매우 소중합니다. 선생님은 억만금이 있다면 여러분의 나이와 바꿀 거에요. 하지만 그럴 수 없죠. 선생님이 부러워하는 여러분의 인생을 후회 없이 살며 꼭 꿈을 이루세요!" 그의 언어는 이미 나의 내면 어딘가에 들어와 있었다. 속 깊은 어딘가를 흔들었다. 딸랑딸랑 '내 나이 스물하고 여섯 살, 다시 시작해도 되는 걸까?'

중소기업 간에 연합과 성장을 이룬다는 명분이 맘에 들었다. 그렇지만 내가 본래 추구하는 '길'과는 상관이 없었다. 무의미한 출퇴근이 반복되는 가운데, 텅 빈 사무실로 그들이 온 것이다. 당시 내겐 커다란 '좌절'이 있었는데, 미래를 꿈꾸기란 불가능해 보였다. 나의 좌절은 군대 전역 후에 찾아온 실패 경험이었다. 들어는 보았는가?! '네트워크 마케팅!' 사업이었다. 젊은 사람들의 열정을 담보로 헛된 꿈을 갖도록 부추기는 행태였다. 전역을 기다리던 어느 날, 친한 친구에게 연락이 왔다. 같은 대학교 동기에게서 한 가지 사업을 소개받았는데, 자신은 이를 어떻게 해야 할지 모르겠다고 했다. 그의 이야기를 듣고, '난 이미 뚜껑이 날아가' 버렸다. '세상에 이런 일이 있다니? 이게 사실이라면 당장 알아봐야겠다!' 무엇이든 할 수 있다는 자신감에 내가 앞장서 알아보겠다고 약속했다. 알아보는 과정에서 마음을 먹었다. "이 사업을 해봐야겠다." 이내 나에게 사업을 소개해준 친구에게 함께 하자고 부추기는 지경에 이르렀다. 내 수준에서 알아보더라도 안 할 이유가 없어 보였다. 짧은 사회 경험과 사람의 심리를 모른 채 설불리 뛰어들었다. 2007년부터 2009년까지 2년 동안 일했다. 사업이라고 히기엔 좀스럽기에 '영업'이라 부르겠다. 그들이 성공자라고 부르는 '다이아몬드'에 가서야 조직을 다스리는 사업이다. 그전까지는 개인이 열심히 판매를 독려하고, 하위 사업자를 유치해야 하는 '영업'이었다. 2년 동안 일하며 수많은 거절을 경험했고, 소개했던 지인들에게 신뢰를 잃었다. 당시에는 '다단계 사기'로 인식하는 이들이 많았다. 투자한 돈은 없으나 사람과 시간을 잃었다. 내게는 뼈아픈 아픔이었다. 국문학과에 편입하여 작가가 되겠다는 꿈도 뒷전으로 밀렸다. 얻은 교훈이 있다면, 자칭 성공했다는 사람들의 '언어습관'이었다. 글을 쓰고 싶어 하던 문학청년에게 그들의 긍정언어, "할 수 있다. 꿈을 이뤄라. 가치 있는 삶을 살아라. 후회 없는 삶을 살라."는 메시지들이 내 심장을 요동치게 했다. 이 긍정의 언어들이 나를 거리로 이끌었다. 무수한 사람을 만나 성공을 외치는 영업사원으로 만들었다.

스물여섯 살, 지금으로부터 약 10년 전의 이야기다. 좌절과 상실감에 절어 사무실을 지키던 나는 결단했다. 강의실을 대여하던 김 주임에서 벗어나 새로운 꿈을 꾸겠다! "나의 길을 가겠다." 기존에 가져온 작가의 꿈에 두 가지를 추가했다. 내 심장을 다시 뛰게 하는 저 강사처럼 나도 강사가 되겠다. 청소년들에게 꿈과 희망을 심어주는 사람이 되겠다. 두 번째는 전부터 '심리'에 관심이 많았는데, 누군가의 치유와 성장을 돕는 '상담사'의 길을 걷겠노라고 결심했다.

달라졌다. 위 강사의 수업을 들은 후로 말이다. 나라는 질료에 어울리는 길을 직감적으로 알아봤고, 그 길을 걷기로 맹세했다. 가장 먼저 한 일은 목표를 글로 쓰는 일이었다. 네트워크 마케팅에서 배운 단 한 가지는 '언어의 힘'이다. 사람은 기록하고, 말한 대로 살아간다. 작가 지망생이었던 내가 2년 동안 영업을 할 수 있었던 것은 언어의 힘을 키웠기 때문이다. 나는 계속해서 적었다. 되고 싶은 사람, 하고 싶은 일, 갖고 싶은 것, 가고 싶은 곳 등을 말이다. 그리고 나의 핵심 가치와 행동 목록을 적었다.

"상담과 강의를 하며 글을 쓰는 사람" 이렇게 요약되었다. 이어서 내 삶의 가치관을 적어나갔다. 미국 독립의 아버지라 불렸던 벤저민 프랭클린은 매일 하루 10여 가지의 가치 덕목을 실천했는지 확인했다고 했다. 자신이 살아가고 싶은 삶의 기준을 정하고, 점검하며 관리했다. 나도 그의 '체크리스트'에 영감을 얻어서 삶의 '가치점검표'를 작성했다. 열정, 배려, 목표, 배움, 실천, 친절 등등이다.

10년이 지난 지금, 강의실에서 함께 수업하던 그들은 어떤 모습으로 살고 있을까? 난 그들이 꿈꾸는 삶을 살아가고 있으리라 믿는다. 10년을 지난 나는 그때 적은 꿈대로 살고 있기 때문이다. 사무실을 지키며 외부인에게 강의실을 대여하던 김 주임은 사라지고, '강사'이자 '상담사'로 살고 있다. 오늘도 나를 만나러 온 사람들에게 수업과 상담을 제공했다. 그들의 치유와 성장을 도왔다. 내일도 과거에 적어놓은 꿈대로 살아갈 것이다. 앞으로 전문성과 새로운 꿈들이 더욱 깊어지고 넓어질 것이라 믿는다. 언어의 힘을 믿은 결과이다. 이 힘을 믿었기에 작가 지망생이 네트워크 마케팅을 걸쳐 상담사이자 강사가 되었다. 나아가 나의 경험을 나만의 문체로 옮기고 싶다. 난 작가가 되고 싶다. 이 책이 나온 이후 나를 "작가"라 부를 것이다. 작가 지망생이 긴긴 시간을 지나 쓰는 일상으로 돌아왔다. 길게 돌아온 듯 보이나 흥미로운 여행이었다. 글쓰기를 위한 다양한 재료를 모았기 때문이다. 불편과 절망, 좌절, 실패 등의 경험들, 성취와 행복, 만족의 기억 등을 두루 갖고 있다. 이 재료들은 시간이 지나도 상하지 않는다. 상했다고 여겨서 버릴 필요가 없다. 언제든 꺼내어 나만의 이야기로 재창조되었다. 그 무렵을 지나온 나는 약했을지 모른다. 그러나 내가 기록한 언어에는 힘이 있었다. 기록의 힘이 원하는 길로 이끌었고, 계속 진행 중이다.

　강의대여실에 찾아왔던 강사의 청아한 음성이 지금도 또렷하다. 이 경험이 특별한 이유는 그의 메시지를 나의 메시지로 붙잡아 두려던 노력이었다. 그 노력은 쓰기로, 반복적인 쓰기로 내 마음에 새겨 놓았다.

난 10년 후에 내가 원하는 삶을 살겠다. 내가 원하는 삶은 타인에게 치유와 성장을 돕는 일이다! 그리고 내가 경험한 이 감흥을 나만의 글로 기록하여 사람들에게 전한다. 이 활동을 하며 날마다 '재미와 보람'을 느끼며 살고 싶다. 내가 가야 할 길을 정하는데, 글쓰기는 탁월한 도구가 되었다.

'글은 길을 만든다.' 물론 글로 더 깊은 교감을 이루는 사람들이 있다. 운이 좋게도 그이가 나일지도 모른다. 글을 쓰려면 머리에 쥐가 나고, 가슴이 답답한 이들도 있다. 그들에게 글쓰기란 곤혹스러움이기도 하다. 감사하게도 내가 걸어온 삶은 글로 통했다. 글쓰기가 내게는 '보물지도'였다고 말하고 싶다. 쓴 글이 길이 되어서 나만의 안내서가 되었다. 이러한 안내서가 쌓이고 쌓일 때 비로소 '지도'가 된다. 나는 이렇게 길을 개척해왔다고 글로 남긴다. 길을 찾는 누군가에게 친절한 안내자가 되리라 기대해본다. 앞으로 10년 후의 모습이 보인다. 마흔의 중반을 살아갈 나는 어떤 모습으로 살고 있을까? 한 가지 분명한 점은 글쓰기와 함께한다는 사실이다. 나를 찾는 이들을 만나 상담하고 수업하며, 날마다 글을 읽고, 기록하는 삶. 이것은 앞으로도 지속하고 싶은 내 생활이다. 10년 후에 살아갈 나의 모습을 지금 이 글로 선포하고 싶다. "10권 이상의 책을 쓴 작가로 활동한다.", "내가 쓴 책을 통해 10주 이상의 체계적인 수업을 진행한다.", "내 책을 읽은 독자들이 나의 상담실로 찾아와 상담한다." "나만의 통합적 심리치료이론을 가진 상담 전문가가 되어 그들을 가르치고 돕는다." "수업의 범위는 경기도를 넘어 전국 8도로 확장되고, 해외로 진출한다.", "일과 여가의 균형을 이루며 사랑하는 사람들과 일상에서 소소한 행복을 날마다 누린다." 10년 후의 모습, 20년 후의 모습, 노인이 된 나의 모습을 생생하게 기록하겠다. 나는 글을 썼고, 글은 길을 만들어 나의 삶을 지원할 것이다. 글이 나의 삶에만 유효하진 않을 것이다. 글을 쓰고 혹은 글을 읽는 어떤 이에게 좋은 영향을 미치리라. 나는 경험을 통해 확신한다. "삶이 글이 되었고, 글은 길이 되었다."

내 마음대로 자유롭게 쓰라

2022년 경기도에 있는 초등학교에서 수업을 진행했다. 주제는 인성 교육인데, 두 번째 수업에서 다루는 주제는 '거짓말'이다. 학생들은 거짓말을 자주 사용하느냐는 표현에 상반된 반응을 보인다. "너무 많이 사용한다."라는 것과 "자주 사용하지 않는다." 자주 사용하지 않는 친구들에게는 이렇게 들려준다. "선생님도 거짓말을 사용해요. 샘은 '괜찮다'라는 거짓말을 종종 써요.", "괜찮다는 말은 정말 괜찮아서 쓰는 걸까요?.", "아니요.", "맞아요. 다른 사람과 관계 유지를 위해 그리고 상대를 안심시키기 위해 사용합니다. 우리는 이처럼 의도적이든 그렇지 않든 나쁜 용도와 좋은 용도로도 거짓말을 사용해요.", 샘도 거짓말을 한다는 말에 학생들의 마음이 무장해제가 되어 저마다의 거짓말 목록을 쓰고 있다.

우리에겐 할 말과 못 할 말이 있다. 그중에 한 가지가 '거짓말'일 수 있다. 나처럼 관계 유지를 위해 "괜찮다.", 정도는 말할 수 있으나 거짓말이 일상이 될 수는 없다. 그런데, 하고 싶은 말을 다 하고 사는 사람들은 어떨까? 그들은 대체로 편하게 사는 것처럼 보인다. 그들에게 자주 듣게 되는 말은 "난 뒤끝이 없다."라는 표현이다. 할 말을 다 했으니 자기 속은 편하다고 한다. 근데 어쩌나? 그의 말을 들은 사람들은 그의 말들이 심장에 꽂혀있다. 할 말과 못 할 말은 이처럼 우리 주변에 자리를 잡지 못하고 둥둥 떠다니다 내 맘속 어딘가에 깊숙이 박힌다. 고령이 되신 부모님께, 나를 고용한 사장님께, 나의 상사에 대한 불만은 그렇게 차츰차츰 쌓여가고 있는지도 모르겠다. 말로 쌓인 체증은 말로 푸는 게 좋다. 신기하게도 당사자에게 할 수 없었던 말들은 그 일과 아무 상관도 없는 이들과 나누게 된다. 그렇게 누군가에게 향했어야 할 말들이 갈피를 잡지 못한 채 둥둥 떠다니게 된다.

내 속에 쌓인 말들이 어디로 갈지 몰라 방황할 때 어떻게 하면 좋을까? 나는 그때가 '글을 쓸 때'라고 생각한다. 마음속에 담고 있는 말들이 출구를 찾지 못할 때, 말을 한다 해도 좋은 영향을 주지 못하면 다른 방법을 찾아야 한다. 하지 못한 말, 전하지 못한 마음들은 내 마음속에서 고스란히 쌓여있다. 이를 말로 전해서 아름다워지는 순간들이 있지만, 원하지 않는 상황을 만나기도 한다. 분노, 미움, 원망, 시기의 표현들이 대개 그렇다. 이 정서들은 할퀴는 말이 되어 입 밖으로 튀어나오곤 한다. 이러한 표현을 하는 데에는 그럴 만한 이유도 있다. 중요한 사실은 말의 결과에 있다고 본다. 이러한 말을 했을 때, 되려 내가 입을 손해가 크다면 그 쓰임을 고려해 볼 만하다. 갈 바를 찾지 못해 흩날리는 내 말들의 파편을 모아 글로 쓰면 어떨까?

나의 분노는 그 심층에 메시지를 담고 있다. 분노하고 싶어서 분노하는 경우는 드물다. 분노가 가져다주는 피해가 이득보다 클 때가 많기 때문이다. 그렇다면 우리는 분노가 담고 있는 메시지에 집중할 필요가 있다. 내가 원하는 것은 무엇일까? 내가 상대방에게 원했던 점은 무엇일까? 내 본래 마음에 찢기고 좌절된 바람(욕구)이 자리하고 있다. 글쓰기는 이 과정을 찬찬히 들여다보며 '관찰하는 수단'이다. 내 마음과 다른 사람의 마음을, 내 마음이 본래 하고 싶었던 것들에 대해 깊이 들여다본다. 나아가 내가 정말 원하는 바를 알아차리고 보다 현명한 행동을 하도록 부추긴다. 글쓰기는 우리에게 자신을 스스로 관찰하여서 내면에서 일어나는 과정들을 알아차리도록 돕는다. 이 행위는 타인과의 관계에 어떤 영향을 미칠지 모르나, 내 안에 나와 잘 지내는 좋은 방법이다. 관찰하지 않으면 좀체 알 수 없는 내 안에 숨겨진 생각, 감정들을 찾으며 이전에 몰랐던 자신을 발견할 수 있다. 말로 할 수 없는 일, 행동으로 할 수 없는 일들을 삭혀 놓으면 그럴듯한 글쓰기 소재가 된다. 말은 휘발되어 대기 중에 흩어질 수 있으나 글로 담길 때, 보관될 수 있다. 이 보관된 글들은 쌓이고 쌓여서 나에 대한 이해를 돕는다. 우리는 이해된 만큼 세상을 볼 수 있다. 나아가 이해된 이야기는 새로운 이야기를 만들어 낸다. 나의 생생한 언어가 담겨 있기에 누군가에게는 공감을 주고, 위로되어 타인의 치유를 돕기도 한다.

자유롭게 쓰라. 말로 담을 수 없었던 그 말들을, 차마 행동으로 옮길 수 없었던 그 행위를 글로 담으라. 자유로운 쓰기 가운데, 나의 말과 행동은 나만의 이야기로 재탄생된다. 자유로운 글쓰기 가운데, 시끄러웠던 마음이 가벼워짐을 느낄 수 있다. 가장 저렴하고, 즉각적으로 자유를 누릴 수 있다. 우리의 일상 중에 내 맘대로 자유롭게 할 수 있는 일이 얼마나 있을까? 아마 손에 꼽힐 것이다. 자유롭게 관계를 맺고, 하고 싶은 대로 일하며 생계를 꾸리기란 불가능에 가깝다. 수많은 이해관계가 얽히면 자유란 위축되기 마련이다. 진정한 자유란 타인과 공유되지 않는 시간과 공간에서 온다. 시공을 초월하여 나 홀로만 할 수 있는 일, 내 안에서 일어나는 일을 나의 의지를 갖고 하는 일이다. 그것은 '생각하고 느끼는 일'이다. 세상에 완벽한 자유란 존재하지 않지만 내 안에서 일어나는 생각과 느낌만큼은 나만의 고유한 활동이다. 이 생각과 느낌을 고유한 나만의 활동으로 느끼게 하는 도구가 글쓰기이다. 그런데, 여기서 주의할 점은 내 생각과 느낌이 환경의 영향으로부터 자유로워야 한다는 점이다. 나만의 자유를 누리기 위해서는 경계선이 필요하다. 나인 것과 나 아닌 것을 구분해야 한다. 이것은 내 책임인가? 타인의 책임인가? 나의 바람인가 상대방의 바람인가를 구분한다. 내가 원하는 게 아니라 상대방이 원하는 것이라면 빨간색을 칠해서 과감히 선을 긋자. 나의 것이 아닌 지점에 선을 긋고 나를 지키자. 글쓰기는 그럴듯해 보이는 나 아닌 것들로부터 나를 지켜준다. 세상에서 씌우려는 불필요한 굴레를 벗어나게 한다. '너는 어떠해야 한다는 편견, 남들이 정해놓은 형틀'로부터 벗어나게 한다. 내 허락 없이 나의 경계에 들어오려는 타인, 환경에 대해 경계를 치는 순간, 나만의 자유가 시작된다. 이 자유로의 여행은 글쓰기를 통해 경험할 수 있다.

군대 훈련소에서 군복과 생필품을 제외하고 지급된 물품이 있다. 수첩과 펜이다. 군대란 폐쇄적 공간에서는 달리 할 일이 없다. 기회가 생길 때마다 옆 동료들과 떠드는 일이 전부다. 나는 동료들과 떠드는 데에는 별 흥미가 없었다. 고된 시간을 지나는 나에게 말을 건다. 그리고 현재 느끼는 이 상황들을 꿋꿋하게 적어 내린다. 언제 끝날지 모를 답답함과 고향에 대한 그리운 심정을 적었다. 40kg을 등에 메고 처음으로 행군을 떠났던 오후에도 펜을 들었다. 행군 시작 후 첫 휴식에서 기절했던 날도 기록했다. 몸은 천근만근이었으나 조명에 비친 북한강의 아름다움과 육체의 한계를 이겨낸 뿌듯한 마음을 받아적었다. 군이라는 자유가 없는 공간에서 펜과 종이를 통해 정신적 자유를 만끽했다. 군이라는 환경에 지배당하지 않고, 나의 감각과 사유에 집중할 수 있었다. 진정한 자유를 맛봤다. 잠깐씩 주어지는 시간마다 고된 몸에 대해, 훈련 뒤에 찾아오는 뿌듯함과 가족과 떨어진 외로움과 불편한 잠자리 등을 기록했다. 불편함이 좋을 리 없으나 펜과 종이가 있는 곳은 어디서나 의미가 충만했다. 치열한 삶의 현장을 생생하게 묘사하고 기록했기에 가능했다.

"손에 펜을 쥐고 다시 보자. 그대의 현실을!" 어떤 상황에서든 자유롭게 쓰라. 그리하면 자유로움은 덩달아 주어진다. 군 시절에 기록한 수많은 일기장은 군대에 끌려갔다 온 '김상진의 보고'가 아니다. 군대를 온몸으로 살아낸 나의 생생한 삶이다. 군대란 속박이 가득해 보이는 공간을 지나왔다. 몸은 불편했을지 모르나, 글을 쓰는 시간 동안 나의 정신은 더욱 명징해졌다. 마음이 편안해지며, 육체의 굴레에서 볼 수 없었던 넓은 시야를 갖게 되었다. 마치 드론을 타고 하늘 위에서 나를 내려다보는 것 같았다. 글쓰기의 시작은 자유롭지 않다. 불편함투성이일 수 있다. 불만이 가득 찬 상태일 수 있다. 그러나 무엇이든 자유롭게 적어나가는 과정에서 만나게 된다. 내가 찾던 자유로움을!

중요한 것은 매일 쓰는 것이다

20살부터 외출할 때는 '필수템'이 있다. 책과 노트와 볼펜이다. 이동할 때에는 항상 '필수템'과 함께 했다. 수업을 듣고, 배우는 '학습자'인 동시에 손으로 기록하는 '기록자'였다. 나에게 배움이란 쓰기와 한 세트였다. 돌아보면, 난 불안이 높은 사람이었다. 지금 배우고 느낀 이것을 오래토록 간직하고 싶었다. 남이 알려준 지식에 나만의 영감을 불어넣고 싶었다. 학교에서든 학원에서든, 지하철에서든 매일 같이 쓰고 지우는 일을 반복했다. 아쉽게도 이 배움에는 성과가 없었다. 20대에 좋은 대학을 가거나, 편입시험을 준비하는 데도 변변치 못 했다. 취업하는 일에도 쓰여지질 못 했다. 그런데, 이 글쓰기는 내 일터에 와서야 빛을 발했다. 상담자로 활동하며 일주일에 10여 명의 이야기를 듣는다. 이들과의 만남은 '쓰기'를 이끈다는 공통점이 있다. 내담자를 보다 정확하고, 여러 관점에서 이해하기 위해 썼다. 내담자를 나의 내면처럼 느끼기 위해 기록했다. 이 과정을 통과하고 나면 그는 '나의 내담자'가 된다. 그를 완전히 해석할 수는 없지만, 나의 언어로 수용하게 된다. 20대에 시작되었던 글쓰기는 강박이었다. 나의 불안을 나스리는 도구였나. 30대에 와서 글쓰기는 내 생활의 중심이 되었다. 글쓰기는 내가 의식하며 살아가는 오늘에 활력을 가져다준다.

　정신분석학자 지크문트 프로이트는 "비싼 상담료를 지불하고 꿈 분석을 받고 싶지 않다면, 침대 위에 펜과 노트를 놓고 잠들라."라고 했다. 잠에서 깨자마자 꿈의 내용을 즉시 받아적어야 하기 때문이다. 프로이트 박사는 학술적으로는 최초로 무의식의 존재를 알린 인물이다. "의식은 빙산의 일각으로 무의식의 1/7도 되지 않는다"라고 했다. 는 사람에게 무의식이란 의식의 저장고가 있다고 보았다. 과거에 겪은 충격적 사건을 의식 수준에서 받아들이기 힘들 때, 무의식이란 저장고에 저장한다고 보았다. 이를 억눌러 놓았기 때문에 의식이 검열받지 않는 순간에 실수 혹은 꿈, 증상으로 드러난다고 주장했다. 프로이트 사후에 다른 학자들은 무의식에 대한 논의를 넓혀갔다. 무의식이란 억압된 영역뿐만 아니라 인류가 원시 시절부터 축적해놓은 문화적 유산으로 보았다. 이를 '집단무의식'이라 부르기도 했다. 개인의 억압된 과거뿐만 아니라 기억, 생각, 느낌 등을 포함하는 잠재된 영역으로 보기도 했다. 무의식에는 인간의 본성, 동기, 정서, 욕구 등 언어로 표현할 수 없는 수많은 자원이 있다고 보았다. 심리학자들은 공통으로 이 잠재된 무의식을 의식화하는 작업이 중요하다고 말한다. 빙하처럼 거대한 자원을 오늘 우리의 일상에서 꺼내쓸 수 있다면, 얼마나 놀라운 일이 생기겠는가? 난 그 힘을 믿는다.

글쓰기는 나의 의식과 무의식의 성숙을 이끌었다. 이 작은 내 안에 나도 모르는 것들을 만들어가고 있다. 일상에서 필요로 하는 능력을 키운다. 무의식 속에 잠재되어 있는 본성, 영성, 창의성을 일깨운다. 그래서 매일을 충만하고, 나다운 삶으로 이끌어준다.

내가 글쓰기를 하는 강력한 2가지 이유이다. 첫째로 일상을 생동감 있게 살아가는 주인공으로 만든다. 환경에 휘둘리는 주변 사람이 아닌 내 느낌과 생각으로 살아가는 주인이다. 둘째로 무의식이라는 빙산을 모험하는 '탐험가'가 된다. 글을 쓰며 무의식에 내재된 가능성, 잠재력, 영감을 만나게 된다. 이 얼마나 설레이는 일인가?! 그런데 글을 쓰지 않으면 주인공도 탐험가도 될 수 없다. 나는 탐험하는 주인공이 되기 위해 3가지를 제안하고 싶다.

"첫 번째 조금이라도 매일 써야 한다는 점이고, 둘째로 자의식의 덫에 걸리지 말아야 한다는 점이다. 셋째로 글을 쓴다는 기분에 도취하지 말고, 지금 당장 써야 한다는 점이다."

첫 번째 조금이라도 매일 써야 한다.

사람은 익숙한 대로 살아간다. 익숙함이란 안정된 생활이란 생각이다. 안정이라는 범위와 기간은 알 수 없다. 그동안 내게 무슨 일이 생길지 모른다. 나에게 안정을 주었다는 느낌과 기간만 남는다는 생각이다. 이처럼 '완전하지 않은 안정된 삶'은 우리에게 편안함을 준다. 동시에 권태감을 이끌기도 한다. 글쓰기는 익숙한 생활에 도전을 준다. 매일 반복되는 일상에서 작은 균열을 찾는 일이다. 만나는 사람과 해야 할 일은 같지만, 내면의 상태는 다를 수 있다. 무수한 영감과 비슷하지만 묘하게 다른 느낌, 어제에 머무르지 않고 성장할 동력들이 있다. 글쓰기는 이것을 우리에게 보여준다. 그래서 매일 반복되는 지겨운 일상도 활기찬 일상으로 바꿔준다. 매일의 삶이 우리에게 주어지기에 글쓰기도 매일 이뤄져야 한다. 매일 매일을 새로운 시선으로 맞이하도록 이끈다. 글쓰기는 어제 했던 실수를 잡아내기도 한다. 내 안에 어그러져 있는 것들을 바르게 펴준다. 우리는 많은 합리화며 지낸다.합리화란 문제의 발생 원인이 A에 있음에도, 이유를 A에서 찾지 않고, B에서 찾으려는 '인지 오류'이다. 예를 든다면, 오늘 회사에 지각했다. 본래 이유는 늦잠을 자서 출발이 늦어진 까닭이다. 그런데 회사에는 차가 막혀서 늦었다며 다른 이유를 댄다. 이와 마찬가지로, 오늘날 내가 원하는 것을 이루지 못하는 것은 재능과 운이 부족했기 때문이라 말할지 모른다. 하지만, 그 근원에는 충분한 노력과 대가지불이 부족했음이 솔직한 이유 아닐까? 글쓰기는 이처럼 우리의 오류와 비합리성을 드러낸다. 글을 쓰기 위해선 '오류투성이'인 자신을 관찰해야 한다. 관찰이란 사물이나 현상을 주의하여 자세히 살핀다는 뜻이다. 관찰하는 수고를 우리의 본성은 싫어한다. 귀찮기 때문이다. 주의하여 살피며 삶의 진실을 살피는 작업이 글쓰기이다. 지속적인 관찰을 토대로 주변이 아닌 본질에 가까워져 간다. 사물의 본질을 찾아 시행착오를 줄이게 된다. 이 과정에서 획득된 지식은 더욱 넓고 깊은 사고를 갖게 한다. 이 과정은 가치 있으나 수고롭다. 우리의 타고난 본성과는 거리가 멀다. 필자도 고백한다면 이 글을 쓰기까지 수많은 방황이 있었다. 책상에 앉았다 일어서기를 여러 번 반복했다. 얼른 집에 가서 눕고 싶다는 생각을 되풀이하고 있다. 일과를 마치고 꼿꼿하게 앉아서 글자를 쓰는 일이 여간 곤한 일이 아니다. 모니터 앞에 정신을 모으고, 산만함과의 한판 대결을 벌인다. 이 일은 정말이지 매일같이 어렵다. 그렇기에 매일매일 해야 한다는 사실이다. 하루하루 글쓰기가 미뤄지면, 본성이 요구하는 편안함, 익숙함, 즉각적 보상 거리가 눈에 보인다. 이틀 이상 글을 쓰지 않으면, 합리화를 시작한다. '내가 언제부터 그랬다고.', '글을 쓴다고 베스트셀러 작가가 되니?', '일찍 자고 네할 일에나 집중해라' 등등 본성의 목소리들이 툭툭 튀어 오른다. 역행하는 사람이 아닌 원래의 모습대로 돌아간다. 매일 쓰기는 순리대로 살던 삶을 거부하겠다는 '능동적 각오'다. 날마다 창조적인 삶, 내 인생의 주체가 되기 위해 날마다 써야 한다.

두 번째로 자기검열의 덫에 걸리지 말아야 한다. 글은 독자를 염두에 두고 써야 한다. 맞는 말이다. 나의 글을 누군가가 읽고, 정보습득이나 감동을 주기 위해 쓴다. 그런데, 그 쓸모와 감동의 포인트를 내가 정하지 말아야 한다. 나의 글을 읽을 독자들은 정해지지 않았다. 그런데, 그 가상의 독자들을 내가 만들어 내곤 한다. 상상의 독자를 만들어 내는 것이다. 그래서 글쓰기가 부자연스러워진다. '내'가 빠진 그럴듯한 이야기로 꾸미려고 한다. 높은 기준을 내세워서 글쓰기를 방해한다. 이 모든 일은 내가 만들어 내는 망상일 뿐이다. 내 안에 무엇이 있을지 모른다. 자기검열에 빠져서 쓸 수 있는 분량을 놓치지 말아야 한다.

마지막으로 지금 당장 써야 한다는 점이다. 어느 작가는 "글쓰기를 배우는 방법은 오직 글쓰기를 하면서 배울 수 있다"라고 했다. 글을 쓸 만한 영감이 항상 있지는 않다. 다만 지금 당장 쓸만한 소재는 찾을 수 있다. 지금 당장 쓰다 보면 글을 쓰기 전에 몰랐던 놀라운 이야깃거리들을 발견한다. 필자는 글을 쓰고 있다는 기분에 도취 될 때가 있다. 이러이러한 글을 쓰면 좋겠다는 상상과 이상한 우월의식에 허우적거릴 때가 있다. 이는 실제 글쓰기와는 상관이 없다. 우쭐함에 빠져 작가란 기분에 도취하고 마는데, 글을 쓰는 데 도움이 되지는 않는다. 순간순간에 주어지는 이 상황들이 펜과 종이, 노트북과 만나서 '결정적 순간'이 된다. 그 마법의 순간은 지금 당장 쓸 때 일어난다. 글을 쓴다는 기분에 취할 때가 아닌 글을 쓸 때, 마법이 이뤄진다.

"작가란 오늘 글을 쓴 사람이다."라고 어느 작가는 말했다. 이렇다 할 저서를 출간한 사람만이 작가인가? 그렇게 생각하지 않는다. 몇 권의 저서만을 남긴 채 글을 쓰지 않는다면 그를 작가라 부르고 싶지 않다. 오늘 아침, 지금 여기에서 글을 쓰고 있는 사람이 작가다. 실천력이 더해져 짜임새를 갖춘 글을 꾸준히 쓸 수 있다면 금상첨화겠다. 지금 이곳에서 글을 쓰며, 무의식에 접속하고, 일상을 풍성하게 살아내는 그가 바로 '작가'다. 매일 쓰며 내 안에 잠재력을 발견하고 사용하고 싶다. 영감을 쫓아가지 않고, 지금 당장 쓰며 내 안에 반짝임을 만나자. 그 반짝임을 매일매일 따라가면 어떤 일이 생길지 궁금하다. 상상 못 할 무언가가 되어 있지 않을까? 일상의 주인공이자 광활한 정신의 주인이 되고 싶다면 쓰라! 그 시작은 지금 당장 이곳에서 쓰는 일이다.

말 못 할 아픔이 있다면, 글로 쓰라

심리상담사로 근무하는 동안 숱한 아픔들을 목격했다. 나를 찾는 이들은 말 못 할 아픔을 가지고 상담실을 찾는다. 자신의 실수로 혹은 타인의 잘못으로 아파야 했다. 7년 동안 현장을 지키며 아픔을 대하는 몇 가지 시선을 갖게 되었다. 우리의 삶은 불안전하다. 때때로 상실과 실패, 좌절을 겪으며 불행을 겪는다. 우리에게 찾아온 생의 변덕에 무너지고, 일어서기를 반복한다. 이 과정이 반복되다 보면 의지가 꺾이고, 체념한다. 어른이 된다는 건 포기할 일이 하나둘씩 늘어나는 일일 게다. 상처받지 않으려 자신을 감추는 데 익숙해진다. '어른이 된다는 건' 삶이 내 뜻대로 안 된다는 점을 빠르게 인정하는 데 있다. '감정 소모'보다 '문제 해결'에 힘쓰는 데에 달렸다. 해결되지 않는다면, 겸허히 받아들이는 일이다. 나아가 이 '과거'를 '교훈' 삼아 '현재'를 살아낸다면 더할 나위 없겠다. 우리의 삶에는 아픔이 필연적으로 찾아온다. 그러므로 삶은 불안전하기에 안전을 확보할 '도구'가 필요하다. 불안전한 삶에 글쓰기는 안전지대가 되기도 한다. 아픔에 대처하는 기술이 된다. 나아가 자신의 아픔을 승화하는 예술로 거듭난다.

여러 가지 심리치료 중에 글쓰기 치료란 분야가 있다. 글쓰기 치료를 소개하는 여러 가지 책들이 있다. 글쓰기 치료란 치료가 목적이 된 글쓰기라 부른다. 일반적으로 쓰이는 글은 독자를 설정하고 쓰는 반면, 치료를 목적으로 쓰는 글은 참여자 개인의 치료를 위해서만 쓰인다. 글쓰기가 치료로 활용되기 위해서는 몇 가지가 필요하다. 첫째, 치료를 위한 계획을 갖는다. 둘째 치료받는 대상이 있다. 셋째 훈련된 치료사의 지도가 있다. 넷째 어떤 형식이라도 지속적인 글쓰기 활동이 이뤄져야 한다. 글쓰기 치료를 통한 효과는 여러 가지가 있다. 자신의 감정을 이해하고. 조절 및 활용하는 데 도움이 된다. 더불어 치유력을 높이고 과거를 극복하며 미래를 설계하는 능력을 키운다. 외에도 자존감을 강화하고, 대인관계 회복을 돕는 등에 효과가 있다고 한다.

글쓰기 치료는 국내외에서 치료적 도구로 활발하게 활용되고 있다. 글쓰기 치료는 다른 치료 매체와 비교해 접근이 쉽다. 상담 치료의 경우 높은 상담료와 시간적 부담을 가질 수 있다. 반면 글쓰기 치료는 전문치료사의 도움을 받지 않고 자신을 스스로 치료할 방법이다. 글쓰기는 마음속에 오랫동안 자리한 상처를 돌본다. 남에게 차마 할 수 없는 말들을 글이란 안전한 공간에서 할 수 있다. 불편한 마음이 일상에 영향을 미칠까 봐 꾹꾹 눌러놓아야 했던 사건들을 적을 수 있다. 작가 조정래는 말했다. 작가란 오직 진실만을 말해야 한다. 대하소설 태백산맥을 지은 조정래의 말이다. 우리는 그처럼 전업 작가가 될 수 없다. 멋진 어록들을 쏟아 낼 필요도 없다. 주목하고 싶은 점은 글쓰기의 성질이다. 쓰기의 첫 시작은 끄적임, 습작으로 시작된다. 이 끄적임이 쌓이고 쌓이며 글의 형식을 갖춘다. 이 형식을 갖추는 과정에서 감추었던 진실이 드러나게 된다. "쓰면 쓸수록 투명해진다."라는 어느 작가의 말도 이를 뒷받침한다. 그 당시에는 이해할 수 없었던 좁았던 시야가 글쓰기를 통해 넓어진다. 넓어진 시야만큼 그 상황을 이해할 수 있는 재료가 많아진다. 이는 내면의 단단함으로 이어진다. 넓어진 시야와 단단함은 당시는 감내할 수 없었던 진실을 대면하게 된다. 그리고 과거의 상처, 상실을 오늘의 관점으로 재해석한다. 나아가 글쓰기는 불편한 진실을 직면하게 한다. 불편한 진실과 마주할 힘을 키워 그 일보다 단단한 나를 가꾼다. 작가 조정래의 경우 개인의 진실을 직면하는 힘을 넘어서 집단의 진실을 파헤치게 했다. 승자의 역사에 가려져 소외되었고, 핍박받았던 한국 현대사의 그림자를 드러냈다. 그의 소설은 진실에 가려진 시대, 이념, 인물들을 묘사했다. 진실의 힘을 발판 삼아 한국 최고의 장편소설로 우뚝

섰다. 이렇듯 집단의 아픔, 개인의 억압은 글로 승화될 수 있다.

조선의 성웅, 이순신도 글쓰기를 통해 남모를 아픔을 다스렸다.

"나라에 충성을 바치려 했건만 죄에 이미 이르렀고 어버이에게 효도하려 했건마는 어버이마저 돌아가셨다.

어찌하랴! 어찌하랴!

천지 간에 나 같은 사정이 또 어디 있으랴. 어서 죽느니만 못하다."

이순신은 1597년 4월 19일 백의종군하였지만, 그 과정에서 어머님이 돌아가셨다. 이 소식을 듣고 비탄한 마음을 '일기'에 기록하였다. 이외에도 5월 6일 두 형님을 만날 수 없는 비천한 심정을 글로 적었다. 난중일기에서는 성웅 이순신보다 인간 이순신이 등장한다. 무수한 심적 갈등과 어려움을 담고 있다. 이순신은 '성웅'이기 전에 한 인간이었다. 조선의 운명이 마치 이순신의 수군에 달려 있을 만큼 막중한 자리를 감당했던 이순신. 그 또한 고뇌하는 인간이었다. 전라좌도 수군절도사라는 직책을 감당하며 통솔력을 발휘해야 했다. 그 엄중한 자리에 자신의 사적 감정이 개입할 여력은 없었다. 엄격한 군법으로 수군의 기강을 다스렸기에 주변에 누구와도 개인적 속내를 나누기엔 역부족이었다. 난중일기로 전해지는 글과 가족과 주고받은 서신을 통해 그의 속마음을 알 수 있다. 글쓰기는 외로움의 최전선에서 마음에 산소를 불어 넣는 일이다. 몸의 숨뿐만 아니라 마음이 숨을 쉴 수 있도록 돕는다. 때론 죽고 싶은 절망스러운 심정, 속이 터져버릴 듯 억울함과 두려움의 정점에서도 살아갈 힘을 준다. 이순신은 글쓰기를 통해 시끄러운 속마음을 다스렸다. 글쓰기로 마음을 깨끗이 정돈하여 감정을 배제한 합리적인 결정을 내렸다. 일관된 마음으로 군대를 통솔하였다. 그리하여 옥포해전부터 노량해전까지 모든 전투를 승리로 가져올 수 있었다. 글쓰기는 아픔을 감당하도록 돕는다. 그리고 아픔을 넘어 스스로 일어서게 했다. 글쓰기는 자립을 돕는다.

고통스럽다면 글로 적어보자. 이 고통이 찾아온 이유를 찾아보자. 그리고 내 마음이 편안해질 때까지 계속해서 적어보자. 글을 쓴다고 상황은 바뀌지 않을 수 있다. 고통스러운 순간에 글쓰기로 벗을 삼아볼 것을 권하고 싶다. 외적인 상황보다 내적인 상황을 살피게 한다. 상실을 경험했는가? 수많은 기대와 실망을 반복하고 있는가? 이러한 나 자신을 글을 쓰며 관찰하자. 내 삶의 철학자가 되어 나를 둘러싼 일들을 기록해보자. 이 과정이 거듭날수록 나를 고통스럽게 하는 환경은 달라지지 않았을지 모른다. 그런데 확실한 것은 고통스러운 환경을 바라보는 내 관점은 달라져 있다. 그 아픔보다 강해진 나를 만날 수 있다. 고통을 대하는 새로운 자세를 얻을 수 있다. 삶에서 떨쳐버려야 할 불행의 기록이 아닌 고통 속에서 배운 교훈의 기록이 될 수 있다. 글을 쓰며 복잡한 감정을 풀어내고, 지금 내가 할 수 있는 최선에 집중해보자. 글쓰기는 고통의 터널을 지나는데 든든한 친구가 되어 줄 것이다. 그리고 내게 찾아온 고통 그 너머의 것을 볼 수 있게 할 것이다.

쓰는 것 자체가 치유고 성장이다

11살의 상진이는 유약한 아이였다. 당시 '초등학교'를 입학했는데, 유난히도 학교 가는 게 힘들었다. 또래 친구들과 어울림이 특히나 힘겨웠다. 2학년이 되면서 학급 친구들의 괴롭힘이 시작되었다. 이때부터 약육강식의 세계를 배웠다. 약해 보이면 누군가의 표적이 될 수 있다. 뒤처지지 않기 위해 애써야 한다는 사실을 온몸으로 배웠다. 심술 진 남학생들뿐만 아니라 앞에 앉은 여자애들까지 폭력을 행사했다. 별명 부르기에서 꼬집힘과 욕설들로 이어졌다. 더 이상 견딜 수 없는 나는 부모님께 알렸고, 곧이어 엄마가 학교에 출동했다. 가장 괴롭힘이 심했던 L은 저 멀리 도망가고, 그의 졸개들만 엄마께 혼쭐이 났다. 희한하게도 L은 나중에 중학교 시절에 둘도 없는 친구가 된다. 엄마의 학교 방문 소동이 있었던 그날로 태권도장에 등록했다.

씩씩한 상진이로 살아가던 중 위기는 4학년 무렵에 찾아왔다. 또 다른 녀석의 괴롭힘이었다. 다른 이름의 L이라는 녀석이었는데, 주된 괴롭힘은 언어폭력이었다. 이상한 별명을 지어 부르고, 인격을 깔아뭉개는 발언들을 서슴지 않았다. 한 학급으로 불편한 동행을 이어가던 어느 날 그의 도발을 더 이상 참을 수 없었다. 복도 1층에서 만난 L과 주먹다짐을 벌였다. 1학기 동안 응축된 분노와 억울함은 족히 그를 제압하고도 남았으나, 내 힘은 부실했다. 태권도에서 배운 주먹과 발차기는 허공을 빗겨 갔고, 교활한 L은 손쉽게 피했다. 계속해서 입을 놀리며 자극하는 L에게 악이 받친 나는 그의 얼굴, 안경을 치기로 마음먹었다. 안경을 공략하겠다는 야무진 계략은 금세 L에게 간파되었다. 곧이어 보복으로 돌아왔다. 내 주먹은 그의 안경을 건드리지 못했고, 그의 손가락이 되려 내 눈을 찔렀다.

"아! 아!!"

저 개자식한테만큼은 눈물을 보이고 싶지 않았지만, 찔린 눈이 아파서 눈물이 났다. 악 바침과 억지 눈물이 뒤엉켜 땅바닥에 주저앉았다. 나의 흥분된 모습에 그는 이내 자리를 떠났지만, 내 마음은 진정되지 않았다. 죽여버려도 시원찮을 L에 대한 분노를 삼키며 낮 동안의 기억은 삭제되어 버렸다. 그날 저녁 아무도 없는 집에 혼자 남았다. 내 마음은 이렇게 아픈데 위로해 줄 사람, 한 명이 없었다. 극단적인 감정에 휩싸인 나는 누나의 방으로 갔다. 이곳에서 자살을 생각했다. 커터칼을 집어

들고 손목을 그으려 하는데, 서러움이 북받쳤다. 11살, 학교가 무서웠고, 나의 약함과 억울함, 분함이 턱 밑까지 차올랐다. 그렇게 한참을 울다가 칼을 내려놓았다.

11살의 상진이에게는 말 못 할 부끄러움이 있었다. 사람들 앞에서 유독 쑥스러움이 많았는데, 이를 부채질하는 이유가 있었다. 첫 번째로 어릴 적부터 달고 있었던 축농증 때문이었다. 추운 날씨와 먼지가 많은 곳에 있으면 코막힘과 콧물이 유난스러웠다. 언제나 휴지를 가지고 다녀야 했고, 코안에는 코딱지가 달려 있었다. 축농증은 다른 사람을 정면으로 바라보기를 어렵게 했다. 고개를 숙이며 걸음을 옮겼다. 두 번째는 부모님이었다. 정해진 휴일도 없이 부지런히 사셨던 부모님이다. 하지만 부모님의 일은 내게 큰 두려움이었다. 초등학교 2학년까지 슈퍼를 했던 우리 가정은 군것질거리가 넘쳐나는 집이었다. 신상품 과자와 아이스크림을 무제한으로 먹을 수 있었다. 작은 천국은 초등학교 2학년까지였다. 이후 부모님은 아버지가 소유한 트럭으로 과일야채 장사를 하셨다. 고민은 그런 부모님이 나의 등하굣길에 계신다는 점이었다. 학교에서 겪는 괴롭힘도 힘들었지만, 친구들이 나의 부모님을 알아보는 게 무서웠다. 부모님은 부끄럽지 않았지만, 부모님이 하시는 일이 부끄러웠다. 길바닥에서 과일바구니를 깔아놓고, 행인들을 만나는 아버지가 몹시도 창피했다. 행인들 속에 뒤섞인 나를 아빠가 못 알아보기를 빌었다. 후줄근한 조끼를 입고 큰소리로 사람들과 대화하는 아버지를 받아들일 수 없었다. 학교를 마치고 집으로 들어가는 길에 아빠의 낡은 트럭이 보일 때면 눈을 질끈 감았다. 그러던 어느 겨울날 집으로 돌아오는 길에 그곳에 계신 아빠를 만났다. 반가운 마음보다 부끄러움에 요동치던 나는 아빠의 눈을 외면하고 말았다. 아무렇지 않은 척 그 길을 빠져나왔다. 그날 저녁 외할머니 집에서 아빠를 만났다. 아빠를 모른 척했던 일을 사과하고 싶었지만 그럴 수 없었다.

유약함으로 점철된 나의 유년에 대한 기록이다. 학교생활과 부끄러움을 고백한다. 그 당시엔 삶의 전부처럼 여겨졌으나, 지금은 여러 가지 유년에 한 페이지가 되었다. 추억이라 부를 수 있을까? 추억은 못 되겠다. 나를 구성하는 주요한 기억으로 남겨 두고 싶다. 나의 유년, 나의 결핍과 고통에 대한 보고이다. 이 경험들은 오늘을 살아가는 내게 어떤 영향을 주었을까? 현재도 여전히 사람들 앞에서 위축되고, 부끄러움을 느낀 채로 살고 있을까? 과거에 매여 상처에서 나의 정체성을 갖고 있을까? 그렇지 않다. 유년의 경험들은 지금, 이 순간 내 글의 한 페이지를 장식했다. 나아가 내 삶에 전반적인 방향을 제시했다. 시도 때도 없이 콧물이 나서 얼굴을 들 수 없었던 꼬마는 많은 사람 앞에 선다. 모두의 이목을 주목시키는 '강사'가 되었다. 불러 주는 곳, 그 어디든 찾아가 수많은 이들에게 나의 이야기를 전한다. 얼굴을 꼿꼿이 세운 채로 말이다. 그 주요 대상은 '초등학생'들이다. 잠시였지만 삶을 포기하려 했던 나의 경험은 또 다른 일로 활용되었다. 내게 주어진 첫 수업은 '자살 예방 교육'이었다. 나의 경험이 연결되어 몰입할 수 있었다. 여러 가지 이유로 삶을 포기하고 싶은 이들의 마음을 헤아리며 목소리와 눈동자, 몸짓을 정돈한다. 내면에서 공명하는 진실한 언어들을 가리고 선별하여 말하게 되었다. 생명의 소중함을 마음을 담아 전하였다. 가장 많이 만나는 대상은 누구일까? 초등학교 4학년이다. 삶에서 가장 취약했고, 기억에서 잊고 싶었던 그 시절이 다시 내게로 다가온다. 그들과 활동하며 내 마음속 어딘가에 사는 '내면 아이'를 만난다. 그때 미처 돌봐 주지 못했던 나를 돌보듯이 그들을 돌보고 지도한다. 그들에게 들려주는 메시지는 내 안에 웅크리고 있는 어린 상진이에게 전하는 말들이었다. 내가 경험했던 취약함과 부끄러움은 이렇게 재활용되었다. 나의 경험은 나와 비슷한 경험을 하고 있을지 모르는 사람들에게 향했다. 그들의 가장 취약한 시절을 함께 지나는 사람으로 이끌었다. 수업이자 상담의 형식으로 장소가 그 어디든 말이다.

글쓰기는 아픔을 기회로 만든다. 글을 쓰기 전에는 알 수 없었다. 왜 청소년들을 만나야 했는지, 내가 왜 자살 예방 강사로 수업을 시작했는지 말이다. 그 여러 대상 중에 초등학교 4학년을 먼저 만나게 되었는지 알 수 없었다. 우연의 조각들이 모이고 모여서 필연이 된 것처럼 쓰면서 발견할 수 있었다. 이 과정이 단순하진 않았다. 남겨진 고통이 씻길 때까지 말하고, 썼다. 약 2년 전만 해도 나의 '유년'을 글로 쓸 때면 코끝이 찡해지곤 했다. 쓰기를 거듭하며 마음이 가벼워질 무렵, 삶이 숨겨 놓은 진실을 보았다. 이 진실은 보석들로 가득했다. 내가 경험했던 어두운 영역을 말하고 쓰는 과정에서 나를 이해하게 되었다. 이 경험이 내게 온 이유를 알게 되었다. 이해를 더 해갈수록 새로운 힘을 갖게 되었고, 그 힘은 새로운 '정체성'으로 이끌었다. 나를 넘어서 다른 사람을 향하게 했다. 상처받은 내면 아이로 남겨 두지 않고, 상처받은 이들을 끌어안는 삶을 살게 했다. 더 많은 사람을 이해할 수 있는 마음의 넓이와 깊이를 선물 받았다. 쓰기가 주는 진실의 힘을 따라 아픔 너머에 있는 희망을 보게 했다. 나의 유년, 특히나 어려웠던 학교생활은 청소년들을 만나는 연결고리가 되었다. 학교를 힘겨워하는 친구들을 포함하여 수많은 청소년의 고민과 어려움에 귀 기울이게 했다. 그들의 삶을 지지하고 응원하는 조력자가 되게 했다. 앞으로도 이 자리를 지키고 싶다. 쓰기는 아픔을 넘어설 무언가를 제공한다. 상실한 그곳에 새로운 선물을 가져온다. 역경을 넘어서 생명의 생동감을 가져다준다. 이 생동감이 날마다 내면의 나를 성장시킨다. 이것이 내가 경험한 글쓰기다. 내 환경에서 주입되는 수동적 생활로부터 일탈하게 한다. 쓰는 존재가 되어 내게 주어지는 상황을 주체적으로 받아들이게 했다. 나를 당당한 '김상진'으로 살게 했다. 내 안에 새롭게 되는 영역이 치유다. 이전보다 더욱 강해지고, 나다워지는 영역이 성장이다. 쓰는 존재가 되어 얻게 되는 치유와 성장, 이제 당신이 경험하면 좋겠다.

제6장
시련도 글감일 뿐이다

나애정

쓸수록 꿈이 명확해진다

내가 중고등학생 때는 '꿈'이란 단어가 흔하지 않았다. 꿈보다는 성적이 중요한 이슈였다. 집에서도 학교에서도 "네 꿈은 뭐니?"라고 질문하는 사람은 없었다. 설사, 있었다고 하더라도 생소한 질문에 우린, 그냥 지나쳤을 것이다. 꿈은 공부를 잘하는 사람이 갖는 특별한 것이라 여겼는지 모르겠다. "꿈"이란 단어는 일상에서 평범한 단어가 아닌 만큼, 그것에 관한 생각도 거의 하지 않고 유년 시기를 보냈다. "내 꿈은 무엇인가?", "꿈을 가져야 한다."라는 의식 자체가 그때도 지금도 없다. 그저, 성적을 올리기 위해 어떻게 공부를 할 것인가? 궁금했다. 초등학생 때는 운동을 했기 때문에 내가 운동신경이 있다는 것을 막연히 알게 되었다. 다른 사람에 비해, 운동신경은 타고난 부분이라고 생각했다. 초등학생이지만, 내가 잘 해내는 운동을 다른 사람이 못하는 것을 보면서 자연스럽게 그렇게 생각했었다. 운동신경만큼이나 나는 운동을 좋아했다. 운동 후 흘리는 땀의 쾌감을 알았다. 어린 마음에 나는 운동에 대한 열정, 재능, 모든 것을 타고났다고 여겼다. 그리고 만약, 꿈을 갖는다면 내가 잘하는 운동처럼 내적, 외적으로 타고난 재능을 꿈으로 정해서 가꾸어야 한다고 생각했다.

사실, 타고난 재능만이 꿈이 되는 것은 아니다. 재능을 미리 알지 못하는 경우가 많다. 어릴 때 발휘되지 않고 잠재되어 있다가 뒤늦게 발휘되기도 하는 것이다. 꼭 타고나지는 않더라도 특별한 활동이 나에게 만족감과 행복감을 준다면 소중하고 간절한 꿈으로 성장시켜 내 꿈으로 확정하면 된다. 그렇게 정한 소중한 꿈을 세상 풍파에 부서지지 않고 흔들림 없이 끝까지 잘 유지해야 한다. 포기하지 않고 끝까지 완성을 향해 밀고 나가야 하는 꿈은 다음과 같은 꿈이라고 말하고 싶다.

첫째는 나를 진정 행복하게 만드는 꿈이다.

꿈을 꾸면서 내가 걱정하고 고통스럽다면 그것이 내 꿈이 될 수 있을까? 부자를 꿈으로 삼았지만, 부자가 된 후의 복잡한 인간관계나 어쩌다 일어날 수 있는 불행을 걱정한다면, 그 사람한테는 남들이 다들 바라는 그 부자가 꿈이 될 수 있겠는가? 꿈을 상상할 때마다 구름 위를 거닐 듯 기분 좋고 행복해야 한다. 그런 것이 진정 내가 바라는 꿈이 될 수 있다. 나는 책을 쓰면서 내 꿈을 찾았다. 늦은 나이이지만 개의치 않는다. 지금이라도 들뜨고 행복할 수 있는 꿈을 만난 것만으로도 행운이라 생각한다. 평생 눈앞의 바쁜 일들을 처리하다가 살면서 내 꿈이 무엇인지도 모르고 생을 마치는 사람도 많다. 그런 사람에 비하면 늦었지만, 지금이라도 꿈을 찾고 그 꿈으로 행복할 수 있으니 얼마나 다행인가? 꿈이 있어 진정 행복하다. 꿈을 좇는 삶을 살 수 있어 행운이다.

둘째는 나의 정체성을 명확히 확립해주는 꿈이다.

나는 살면서 내가 잘하는 것이 무엇인지 잘 몰랐다. 대학을 졸업하고 남들이 조금은 부러워할 만한 직업을 가지게 되었다. 하지만 좋게 보이는 직업이 다가 아니었다. 처음 직장을 잡았을 때는 나도 내가 최고인 줄 착각했다. 겉에서 보인 모습과 속의 모습은 다른 경우가 많다. 거의 모든 것들이 그렇지 않을까 생각한다. 직업의 세계도 그렇다. 그래서 진로를 찾을 때는 반드시 실제 체험해보는 것이 중요한 듯하다. 그동안 내가 가졌던 간호장교라는 직업과 보건교사라는 직업, 스스로 안 어울린다고는 생각하지 않았다. 하지만, 시간이 지날수록 심신이 지쳐갔다. 그리고 책 쓰기라는 글쓰기를 정말 운 좋게 만나게 되어, 늦었지만 내 삶에 혁명을 경험하고 있다. 내가 사랑하는 책 쓰기를 알게 되면서 삶이 활기차졌다. 나의 본모습을 찾은 느낌이다. 정체성을 이제야 찾았다고 생각한다. 글쓰기에 타고난 재능이 있다고 생각지 않지만, 나는 책 쓰기를 통해서 스스로 만족하는 내 진짜 모습을 찾았다고 생각한다. 책 쓰기를 하는 사람들은 역시, 삶의 만족과 행복감을 느낄 것이라 확신한다. 책 쓰기는 창조 활동이기 때문에 누구나 책 쓰기의 매력에 빠질 수 있다. 책 쓰기를 통해서 체험하는 다양한 경험들이 정체성을 찾아 생동감 있는 삶을 살 수 있도록 도와줄 것이다. 사람들이 글쓰기, 책 쓰기를 시도하고 일상으로 만들길 바란다.

셋째는 다른 사람이 꿈을 찾고 이루도록 돕는 꿈이다.

나눌수록 가치가 점점 더 커지고 사람들을 성장하게 하는 꿈일 경우 모든 것을 걸어도 좋을 최고의 꿈이라고 생각한다. 책을 쓰면 쓸수록, 책 쓰기야말로 사람들을 행복하게 만드는 것이라고 확신하게 되었다. 우리가 젊은 날, 많은 투자를 하는 영역이 자기 계발이다. 자기 계발로 스스로 실력을 쌓아야 어느 곳에서나 인정받는 사람, 서로 모셔가려는 사람이 될 수 있다. 직장인이나 직장을 잡기 전인 사람이나 자기 계발에 많은 시간과 에너지를 투자한다. 나 또한 그랬다. 그동안의 이런 노력이 의미 없게 느껴질 정도로 책 쓰기의 자기 계발은 강력했다. 기획력, 구상력, 의사소통력, 판단력, 이해력, 사고력, 그 어떤 재능에도 탁월한 성장이 가능케 하는 것이 바로 책 쓰기이다. 이런 계발은 혼자서 책 쓰면서 매일 연마할 수 있다. 스스로 꿈을 찾는 일에도 책 쓰기만 한 것이 없다. 모든 것을 걸어도 좋을 만큼, 책 쓰기는 가치가 있다. 흔들릴 이유가 없다.

　책 쓰기를 하면 미처 생각하지 못한 꿈을 찾을 수 있다. 책 쓰기도 글 쓰기이다. 글을 쓰는 과정 자체가 꿈을 찾는 과정이다. 책을 쓰려면 1꼭지, A4 2장의 글을 써야 한다. 이것이 가장 기본이다. 여러 꼭지 글을 쓰고 나면 책 1권 분량을 쓸 수 있다. 1꼭지를 쓸 수 있다면 책 1권은 쓸 수 있다. 1꼭지 글을 쓰면서 사용하는 것이 글감이다. 글감은 나의 과거 경험을 주로 사용하는데, 이것이 바로 사례이다. 쓸 때마다 과거로 돌아가서 내 삶을 되돌려보게 하는 것이 사례의 글이다. 과거 어느 시점에서 스크린하면서 현재 시점까지 훑어서 내려온다. 그렇게 꼭지 제목에 맞는 사례를 한가지 건져서 그 사례에 대한 의미를 부여하여 자판으로 두드려 쓴다. 이런 과정을 반복해서 하다 보니, 책을 쓰기 전에는 거의 생각하지 않던 과거사를 매번 생각하고 반성하고 새로운 의미를 부여한다. 나를 힘들게 했던 과거 시련도 오늘날 나를 만든 초석이었음을 새롭게 깨닫는다. 과거의 나, 현재의 나, 또한 미래의 나를 명확히 알게 한다. 나를 아는 것은 모든 꿈의 시작이다. 꿈은 나에게 초점을 맞추어서 정해야 하므로 나를 제대로 모른다면 꿈도 명확하게 잡을 수 없다. 책 쓰는 과정 자체가 나의 과거를 반복적으로 재조명하게 하여 과거뿐 아니라 현재의 나까지 알도록 하여 결국, 나에게 맞는 가장 적합한 꿈을 찾게 도와준다. 나 자신의 발견, 꿈의 확정, 계속 쓰면서 꿈을 향하여 전진, 이

것이 글을 쓰는 사람들이 남들보다 조금은 특별한 삶을 사는 시스템이다.

이제 꿈을 추구하는 시대이다. 돈도 좋고 성공도 좋지만 나를 행복하게 하는 꿈이 최고이다. 내가 진정 찾아야 할 것은 내 꿈이다. 꿈을 찾아 정하고 꿈을 이루어가는 과정이 나를 행복하게 한다. 그런 꿈을 이때까지 모르고 살았다면 글을 쓰면서 소중한 내 꿈을 발견할 수 있다. 쓰면서 과거 나의 경험을 소환하고 그것에 대해서 재해석한다. 과거의 내 경험들은 사례가 되고 재해석은 그 사례에 대한 의미가 된다. 과거가 있기에 오늘, 현재 내가 있는 것이다. 과거의 경험은 다 소중하다. 다만, 그 소중함을 제대로 인지하지 못했을 뿐이다. 글을 쓰면서 명확히 알게 된다. 지나간 세월 하나하나가 오늘날 나를 만든 밑거름이었음을. 나를 자세히 알게 된 후 이제, 미래의 내 모습이 될 꿈을 정하게 된다. 쓸 때마다 매번 과거의 나를 보고 현재의 나를 직면하면서 미래, 내가 될 꿈을 자연스럽게 생각하게 된다. 반복해서 생각한 꿈은 더욱더 명확해진다. 글쓰기는 나의 꿈을 명확히 만들어 쓸 때마다 나의 머리에 깊이 새긴다. 깊이 각인된 꿈은 현실로 드러난다. 이제, 글 쓰며 소중한 나의 꿈을 찾아 내가 행복할 수 있는 현실을 만들어보자.

써보니, 내 인생 버릴 것은 하나도 없다

마흔 넘어 아이 낳아

육아만도 버거울 텐데,

이것저것 하는 일이 많은 딸이

걱정되는 연로한 어머님은

스티로폼 박스 한가득 반찬을 보내셨다.

돼지고기 주물럭,

삼겹살,

오리고기

김치찌개,

직접 기르신 상추

어머님 덕분에 한 상 차려

오래간만에 맛나게 포식했다.

어머님 반찬은 언제 먹어도

먹으면서 아깝고

먹으면서 또 먹고 싶다.

어머님의 반찬은

사랑이다.

죄송스럽기도 한 이 사랑,

어린아이처럼 듬뿍 받고

열심히 하는 일에 열중한다.

어머님, 항상 건강하시고

오래오래 함께 있어 주시길

기원해본다.

나는 인스타그램에 다양한 주제로 짧은 글을 쓴다. 소소한 일상, 글쓰기, 책 쓰기, 독서, 나의 생활 자체가 글의 소재가 된다. 한편으로 신기하다. 인생 첫 책을 쓰기 전까지 나는 이런 내 모습을 상상하지 못했다. 왜냐하면 글쓰기가 너무나 어려웠기 때문이다. 내가 글로 내 삶을 써낼 줄 감히 상상도 못 했다. 하지만 지금은 상상못한 그 일을 자연스럽게 하고 있다. 그 어떤 생활도 나는 글로 써낸다. 수시로 글감이 떠올라 인스타그램에 흔적을 남긴다. 삶이 기록이 되어 나에게나 아이들에게나 세상 사람들에게 공감을 자극해 동기부여를 주고 있다.

내가 처음 글을 쓸 때는 대학생 때였다. 누구나 한 번쯤 써본 일기였다. 나는 '국군간호사관학교'를 다녔고 그곳에서는 전교생이 기숙사 생활을 했다. 외출 날은 일주일에 3번 정해져 있었고 그 외 시간은 학교 내에 있어야 했다. 에너지 넘치는 그 젊은 시기에 자유롭지 못해 나는 답답함을 지면에 발산했다. 일기는 그야말로 혼자만 읽을 수 있는 글이다. 글의 구조도 없고 감정을 쏟아 내는 자기중심적으로 쓴 글이었다. 이런 글은 남에게 보여주기 위한 글과는 다르다. 그렇다고 일기가 가치 없는 글이라고 말할 수는 없다. 다만, 혼자만 봐야 하는 글이란 점에서 조금 아쉬움이 있다. 대중에게 보여줘도 되는 글을 쓰기 위해 형식과 배움이 필요하다. 이왕이면 나뿐만 아니라 남에게도 도움이 되는 글을 쓴다면 좀 더 의미 있는 글쓰기가 될 것이다.

누군가에게도 당당히 보여줄 수 있는 쓰기에서도 일상의 모든 경험이 글감이 될 수 있다. 처음 일기를 쓸 때, 나만 보는 글쓰기였지만 나는 긴장했다. 뭔가 특별한 것을 적어야 할 것 같은 부담감이 있었다. 인생 첫 책을 쓰는 1꼭지 글쓰기에서도 그랬다. 혼자 보는 일기가 아니다. 누군가가 읽는 책을 쓰는 글쓰기였기에 더욱 특별한 것을 적어야 한다고 생각했다. 이것이 착각이었다. 요즘은 평범한 사람들이 자신의 일상사를 글로 적어 책으로 출간한다. 독자는 작가에게 친근감을 느끼면서도 자기와 비슷한 사람의 삶을 보고 더 진한 감동과 동기부여를 받는다. 특별히 잘난 사람만 글을 쓰는 시대가 아니다. 일반적이지 않은 주제만을 적을 필요가 없다. 일상적이고 지극히 개인적인 생각과 느낌, 그런 내용을 쓰면 된다.

글쓰기가 좀 더 만만해지면 나의 삶 전체를 글감으로 활용한다. 처음의 어색함은 몸과 마음을 주춤하게 만든다. 운동에서도 근육을 풀어주는 시간이 필요하듯이 삶을 글로 쓰는 본격적인 글쓰기에도 준비 운동 같은 몸풀기가 필요하다. 글이 낯설지 않고 말처럼 조금 편해질 때, 주변을 훑어보며 글의 소재를 찾고 술술 적어나간다. 나는 얼마 전 우연히 새끼 길고양이를 발견하고는 병원에서 약을 처방받아 집에 데리고 왔다. 지금, 그 고양이는 글 쓰는 노트북 옆 스탠드 밑에서 잠들어 있다. 그 날따라 몹시 추워 온몸을 떨면서 자동차 타이어 뒷바퀴 위에서 앉아 세상이 떠나가라 울어대던 가여운 그 고양이가 맞나 싶다. 지금은 너무나 평안해 보이고 행복해 보인다. 이름도 있다. "행복이" 아직 어리지만 태어난 직후 힘듦을 보상받을 만큼 행복해지라고 "행복이"라고 지어주었다. 처음에는 눈에 염증이 심해서 눈도 제대로 뜨지 못했는데, 지금은 세상 그 어떤 눈보다 크고 이쁘다. 비록 동물이지만 짧은 시간에 이렇게 운명이 바뀔 수 있다는 것이 경이롭다. 우리 인간의 삶도 그렇지 않을까 생각해본다. 구조한 새끼 길고양이가 평안하게 낮잠 자는 모습을 보고 이렇게 글로 쓰고 있다. 평범한 나의 일상이 1문단의 글로 변화되었다. 글도 말하는 것과 같아서 자신과 삶을 표현하는 하나의 수단일 뿐이다. 이런 느낌이 아무렇지 않게 생긴다면 모든 일상사가 글감이 되어 술술 써 내려갈 수 있다. 글이 안되는 삶은 없다. 버릴 일상이 하나도 없이 가치 있고 소중하다.

　씀으로써 새로운 의미를 발견한다. 무심히 지나친 경험을 다시 쓰다 보면 미처 생각하지 못한 것들을 느낀다. 경험들이 손가락을 통해 글로 변화될 때 새로운 의미도 뽑어져 나온다. 쓰기 시작하면 새로운 글이 써진다. 글을 본격적으로 쓰기 전에는 머리로 쓸 내용을 정한 후에 글을 쓴다고 생각했다. 그래서 글쓰기란 뭔가를 먼저 명확히 정하고 써야 하기에 골치 아픈 것이었다. 하지만, 글쓰기를 루틴으로 정하고 일정한 시간에 정해진 분량을 써보니, 글감 같지 않은 소소한 주제를 가지고도 얼마든지 쓸 수 있고 또한 쓰게 됨으로써 의외의 의미들을 발견했다. 미처 발견하지 못한 일상의 의미가 글쓰기를 통해 나에게 선물로 다가오는 것이다. 쓰면서 그것은 이루어진다. 신기한 경험이다. 글을 통해서 새롭게 발견하는 가치가 크다는 것을 알았다. 써보면 정말 버릴 것이 하나도 없음을 깨닫는다. 60%의 감으로 쓰기 시작한다면 나머지 40%의 가치는 쓰는 과정 중에 발견하는 것들이 많다. 글쓰기를 믿고 루틴을 정해서 써보길 권하고 싶다.

우리가 경험한 모든 것들, 세상의 모든 것들이 글감이다. 다만, 그동안 쓰지 않았기 때문에 그것들을 소재로 보지 못했다. 글감으로 가져와서 쓰는 방법도 잘 몰랐다. 세상에 쓸 것은 늘려있는데, 내가 미처 알아채지 못했을 뿐이다. 처음 글을 쓸 때는 정말 쓸 것이 없다고 생각한다. 쓰기가 낯설어서 그렇다. 세상의 모든 것, 내가 경험한 모든 것들을 글감으로 자유자재로 쓸 수 있다는 사실은 매일 쓸 때 나는 제대로 깨달을 수 있다. 매일 쓰다 보면 점점 글감의 범위를 확대한다. 소소한 모든 것들이 나의 감정을 불러일으킨다. 감정을 적고 번개처럼 튀어나온 생각들을 그 경험 뒤에 적어주면 된다. 나의 소소한 경험뿐 아니라 세상의 모든 것들이 버릴 것 없는 귀한 글감임을 깨달을 때 삶은 더없이 소중해지고 글쓰기는 삶의 또 다른 비밀스러운 기쁨이 된다.

시련도 글감일 뿐이다

　나는 책 쓰는 직장인이다. 매일 이른 아침, 읽고 쓰고 있다. 이 시간이 나에게는 황금같이 소중한 시간이다. 아침 시간을 활용했기에 나는 3년이란 짧은 기간 동안 10권 이상의 책을 쓸 수 있었다. 삶의 모든 것이 나에게는 책의 주제가 되고 글감이 된다. 이렇게 책 쓰기를 매일 하면서 쓸 때마다 성장함을 느낀다. 성장으로 인한 만족감, 행복감도 느낄 수 있어 항상 감사하다. 늦게 작가세계로 들어선 것이 다만 조금 아쉬울 뿐이지만 그래도 너무너무 고맙다고 생각한다. 나는 정말 운이 좋은 사람이다. 처음 책을 쓸 때만 해도 삶이 녹록지 않았다. 인생에서 힘든 시간을 보낼 때였다. 늦은 출산과 육아로 지쳐있었고 직장생활은 할수록 몸과 마음이 피폐해져 갔다. 또한 직장 상사에 대한 절망적인 배신감까지 느낀 터라 벗어날 돌파구가 없는 듯 막막했었다. 하지만, 그런 시련이 나를 작가로 만들었다. 그 모든 시련이 지금에는 책을 쓰는데 글감이 된다. 시련은 시련 그 자체로만 끝나는 것이 아니었다. 무궁무진한 삶의 에너지, 글감의 원천이 되었다.

나는 학교에서 보건교사로 일하고 있다. 시대가 바뀌면서 보건 업무도 다양하고 복잡해졌다. 4년 만에 복직한 당시에는 코로나19 상황이라 혼이 빠질 정도였다. 기본 보건 업무에 적응은 뒷전이고 우선, 코로나19 대응이 시급했다. 단톡방에서 정보를 얻고, 모르는 것은 여기저기 질문을 해서 이것이라고 판단하는 해결법을 정해 하나씩 대응해나갔다. 이가 없으니 잇몸으로 밥을 먹는다는 심정을 충분히 이해하는 시간이었다. 엎친 데 덮친 격으로 바뀐 시대 상황을 반영이라도 하듯 성 사안 문제도 발생했다. 성 사안 관련 신고인이나 피신고인 중 교사가 있으면 성고충심의위원회를 개최해야 한다. 현재 성고충심의위원회 담당자 중 여자 성 고충 상담원은 보건교사로 되어 있다.

첫 성 사안 처리 상황이라 당황스러웠지만 결국 일을 배우는 시간이었다. 요즘, 장소 불문하고 성과 관련된 사안은 매우 엄하게 처리하는 사회적 분위기이다. 자기 결정권의 개념이 강해지면서 성적 침해는 폭력임이 명백해졌다. 성을 수단으로 한 폭력행위는 더욱 죄질이 나쁜 것으로 인식하여 대상을 불문하고 엄하게 책임을 묻는 상황이다. 학교도 예외는 아니다. 처음 접한 성 접수 상황을 처리하기 위해 여러 담당자가 함께 협조하였다. 지역교육청 담당 장학사가 학교를 방문하여 컨설팅했고 컨설팅 후 관리자와 남녀 성 고충 상담원은 매뉴얼을 참고로 차례대로 일을 처리했다. 처음 하는 일이니 당연히 실수도 있을 수 있다. 하지만, 서로 협의하면서 조사에서부터 성 고충 심의회의 진행 및 사후 처리까지 필요한 모든 절차를 잘 마무리하였다. 매뉴얼 책자와 지역교육청 담당 장학사의 성 사안 처리 절차의 설명은 큰 힘이 되었다. 많은 부분을 배우는 기회가 되었다. 당황하고 두렵고 머리 아픈 상황이었지만 여러모로 배움과 성장이 일어난 시간이었다. 문제처럼 보였던 그것은 실제는 문제가 아닌 성장의 기회였음을 다시금 느꼈다.

성 사안 처리 경험을 통해서 사례발표를 하게 되었다. 지역교육청의 성 사안 담당 장학사로부터 연락이 왔다. 성 사안 처리 경험을 관리자들에게 알려줄 수 있느냐고 조심스럽게 질문했다. 나는 고민했다. 학교 관리자들 앞에서 발표한다는 것이 부담되었기 때문이다. 그들은 강의만 한 사람들이다. 강의에는 전문가들이다. 그런 전문가들 앞에 강연자로 서는 것이 쉽지 않은 것이다. 하지만 성 사안 처리를 하면서 나는 생각했다. 매뉴얼이 있지만 처음 경험하면 처리가 쉽지 않으리라는 것이다. 성 사안 처리업무를 해보니, 보건교사가 하기에는 보건의 일 특수성과 맞지 않는다는 생각이 들었다. 보건교사는 다치고 아픈 사람을 치료해주고 도와주는 사람인데 누군가의 잘못을 조사하는 사람이 되어서는 안 된다는 느낌이었다. 어찌하였던, 나는 성 고충 처리 경험을 공유하기로 했다. 누군가가 옆에서 실제 상황별 처리 방법을 알려주면 정말 도움이 될 것이란 판단이 들었기 때문이다. 그래서 사례발표를 통해서 성 사안 처리의 총책임자인 관리자에게 나의 경험을 공유하기로 어렵게 결정했다. 비록 강의기술은 부족할 수 있겠지만, 진심으로 발표한다면 요긴한 정보공유가 될 것이라고 확신했다. 강의 수락을 하고 난 뒤 나는 여러 날을 투자해서 강의안을 만들고 PPT를 제작했다. 준비하는 기간에도 스트레스를 받았지만 준비하는 중에 나도 처리 절차를 머리에 한 번 더 다지는 효과가 있었다. 그리고 100명이 넘는 관리자와 담당 부서 부장들 앞에서 열심히 한 강의는 내 강의에 대한 가능성을 스스로 느낀 시간이 되었다. 시련처럼 느낀 사례발표의 강의 수락은 결국 나에게 특별한 경험과 성장이 되었다. 또한, 지금 이렇게 그 경험을 사례로 글로도 쓰고 있다. 귀한 글감이 된 것이다.

글 쓰는 사람은 시련에 대한 관점을 다르게 가져야 할 필요가 있다. 시련이 글감이 되어 멋진 글들을 쓸 수 있기 때문이다. 우선, 글 쓰는 사람이 시련에 대해서 가져야 할 관점은 다음과 같다.

첫째, 나에게 시련을 준 사람은 고마운 사람이다. 당장은 힘들다. 그 사람이 너무나 밉다. '어쩌면 나에게 이럴 수 있는가?' 원망도 한다. 내가 책을 쓰게 된 계기 중의 하나가 직장의 사람 관계였다. 처음에는 아주 친하게 지낸 교사가 있었다. 속이 안 좋다고 보건실을 자주 찾았던 교사에게 마음을 다해 아는 민간요법을 활용해 처치해 주었다. 약을 잘 안 먹는 성향을 지닌 교사는 진심으로 주물러주는 것에 감동했다. 진심은 통한다고 생각했다. 하지만 아니었다. 결정적인 순간에 내 마음을 무시했다. 그것이 상처가 되었고 회복하는 데 많은 시간이 필요했다. 결국, 이런저런 이유로 휴직을 하게 되었고, 나는 휴직 기간에 마지막 방법으로 책 쓰기를 도전했다. 완전히 새로운 라이프 스타일이 나의 아픔을 회복시켜줄 것으로 생각했다. 그렇게, 나는 인생 첫 책인 《하루 한 권 독서법》을 책쓰기 시작한 후 4달이 채 되지 않아 출간했다. 간절했던 만큼, 결과물도 빨리 달성되었다. 그리고 지금까지 책 쓰는 삶을 살고 있다. 책 쓰는 가치를 알게 되었기에 평생 책 쓰는 삶을 살겠다고 다짐했다. 지금은 그 당시, 나에게 상처를 준 교사에게 감사하다. 그 교사를 안 만났다면 내가 책 쓰기를 시도했을까 싶다. 그 교사는 나에게 시련을 줘서 내가 책을 쓸 수 있도록 한 귀인이었다.

둘째, 시련으로 나는 급성장한다.

시련은 확실히 성장의 촉매제이다. 그것도 혁신적인 성장이 가능하다. 평상시 성장의 길은 느리고 많은 시간과 에너지, 노력이 있어야 한다. 하지만 시련 속의 성장은 예외이다. 내 경우도 시련 속에서 그것을 벗어나기 위해 시작한 책 쓰기는 간절함, 또한 컸기 때문에 빠르게 결과물을 얻을 수 있었다. 4개월 만에 출간할 수 있다는 것을 나도 그때 처음으로 깨달았다. 빠른 출간이라고 가치 없는 책이지 않을까 의심할 수 있겠지만 《하루 한 권 독서법》은 지금도 꾸준히 판매가 이루어진다. 시련을 통해 급성장한 직후였기에 성장이 그 책에 고스란히 반영되었다고 생각할 수 있겠다. 시련을 우린 반겨야 한다. 시련을 성장의 기회로 볼 수 있어야 한다. 피하려고 하는 어리석은 짓은 하지 말아야겠다.

셋째, 시련이 최고의 글감이다.

힘든 상황에 있는 사람의 글은 호소력이 있고 동기부여가 잘된다. 시련 속에서 공감 능력이 향상되어 대상에 맞는 적절한 표현이 가능하기 때문이다. 어렵게 살아온 사람은 어려운 사람을 잘 이해한다. 그 공감력이 책을 쓰면서도 그대로 나타난다. 또한 다양한 생각도 가능하다. 깊이 사고하면서 다양하고 넓게 생각할 수 있는 상황들이 시련 속에 있다. 모든 것들을 글로 재창조한다. 시련은 최고의 글감이 됨을 글 쓰는 사람이라면 누구나 알고 있다.

글을 쓰면 쓸수록 시련은 하나의 글감일 뿐이란 관점이 생긴다. 글 쓰는 사람에게 글감은 아주 중요하다. 글감을 찾기 위해 항상 고심하는 사람이 글 쓰는 사람이다. 전문가가 아니어도 글쓰기를 즐기는 사람이라면 글감을 찾기 위해 노력한다. 만약, 자신이 시련 중에 놓여 있다면 좀 더 쉽게 글감을 찾게 되는 것을 느낄 것이다. 시련이 다양한 사고를 하게 하고 그 사고는 바로 글감이 되기 때문이다. 글을 쓰기 전에는 세상에서 피해야 할 1순위가 시련이었다. 하지만, 글을 쓰면서 세상에서 가장 반겨야 하고 즐겨야 할 1순위가 시련임을 깨닫는다. 시련이라는 댓가를 지급하는 순간, 많은 것들을 얻게 된다는 것을 이미 알아버렸다. 남들이 쉽게 도달하지 못하는 성장의 수준에 쉽게 올라서게 되고 시련을 준 사람에 대해 진심으로 용서하며 감사하게 된다. 무엇보다, 다양한 사고와 느낌으로 최고의 글감을 얻을 수 있다는 사실에 감사한다. 글을 쓰게 되면, 시련은 전혀 거부할 이유가 없어진다.

도전이 두렵지 않다

글을 자주 쓰다 보면 도전에 강해진다. 도전을 두려워하지 않는다. 보통은 도전이 쉽지 않다. 왜냐하면 지금의 삶에 변화를 주어야 하기 때문이다. 변화가 어디 쉬운가? 변하지 않고 그냥 살던 대로 살고 싶은 욕구가 강하다. 그런데 문제는 변화를 내 삶에 주지 않으면 어제와 같은 오늘, 역시 변화 없이 비슷한 시간을 보낸다는 것이다. 이런 상황에서 성장은 있을 수 없다. 하루하루 빠르게 변화되어가는 사회에서 나만 변화 없다면 점점 격차는 벌어지고 나중에 사회생활 자체가 어려워질 수도 있을 것이다. 그것이 바로 오늘의 현실이다. 삶에 조금씩 변화를 시도하면 의외로 그 변화들이 점점 재미있어진다. 그만큼 배움의 즐거움이 생기기 때문이다. 인간은 또한 성장의 욕구, 자아실현의 욕구 또한 강하다. 안주하려는 마음 상태와 습관을 주의해야 한다. 특히, 글을 쓰는 것은 매일의 일상을 다르게 보고, 다르게 생각하려는 성향을 키우므로 변화를 추구하는 동력이 된다. 글을 쓰면서 현재와 다른 것에 조금씩 도전하는 자신을 발견하게 된다. 또한 주변 가족이나 사람에게도 도전을 권하고 격려하는 자신의 모습이 낯설지 않을 것이다.

딸아이는 초등 6학년이다. 평상시 그림 그리기를 좋아한다. 어느 날 유튜브에서 메이크업하는 것을 봤는지, 메이크업을 배우고 싶다고 말했다. 그것을 들은 내 마음은 한마디로 황당했다. '조그마한 아이가 무슨 메이크업이야. 메이크업이 무엇인지 제대로 알고나 하고 싶다고 말하는 것인가?' 의심스러웠다. 메이크업은 화장이다. 성인이 주로 하는 화장이 메이크업이다. 이제, 겨우 초등학생인데, 메이크업할 필요도 할 이유도 없는 아이가 왜 화장술은 배운다는 것인지? 잠시 흥분된 감정을 가라앉히고 다시 생각했다. '그래, 화장술 자체가 중요한 것이 아니라 스스로 하고 싶다는 생각을 한 사실을 높게 생각하자.'라고 생각을 바꾸었다. '엄마가 하라는 것만 하는 아이들에 비해서 얼마나 훌륭한가?'라는 생각까지 들었다. 그래서 나는 학원을 찾았다. 다행히 가까이에 메이크업과 헤어 학원이 있었다. 그날로 당장 등록해주었다. 문제는 그 등록비가 만만치 않다는 것이다. 하지만, 언제 이 아이가 하고 싶은 것을 마음 편히 배울 수 있을까, 지금 초등학생이니까 가능하다는 생각으로 거금을 내서 등록해주었다.

내가 만약 글쓰기를 매일 하지 않았다면 딸아이의 메이크업 등록은 없을지 모른다. 책 쓰기를 위해 매일 1꼭지 글을 쓰면서 나는 세상 보는 관점이 변했다. 보통 일반적인 시각에서 보면, 한 수준 업그레이드되었다고 생각한다. 일반사람들이 눈에 보이는 가치를 추구한다면 나는 조금 물러나서 내 수준에서 그것의 가치를 다시 판단한다. 다른 사람의 이목을 생각했다면 자식을 미용학원에 보내고 싶지 않았을 것이다. 하지만 나는 다른 사람을 염두에 두고 고민하지 않았다. 중요한 것은 아이의 입장, 나의 입장이 모든 판단의 근거가 되어야 한다는 것이다. 아이가 정말, 하고 싶은 것이 있음에 기분 좋게 등록할 수 있었다. 물론 경제적인 비용에 조금 흔들리긴 했지만, 그것은 크게 영향을 미치지 않았다. 내가 글을 쓰면서 매일 어떻게 살아야 할 것인지를 생각했기에 아이의 요구에도 바로 판단할 수 있었다고 본다. 엄마의 글쓰기가 아이의 교육에도 영향을 미친다.

2019년부터 나는 본격적인 글을 쓰기 시작했다. 인생 첫 책 쓰기를 이때 시작했다. 그전까지는 글쓰기 근처에도 가지 않은 삶을 살았다. 글쓰기와 나는 영원히 친할 수 없는 사이라고 막연히 생각했다. 하지만, 삶에 새로운 혁신이 필요하다고 판단한 후 나와 전혀 어울리지 않을 것 같은 글쓰기를 나의 삶으로 끌어들였다. 내가 모르는 뭔가가 있을 것이란 기대를 했다. 내가 신이 아닌 이상, 내 생각이 정확하지 않을 수 있다는 사실을 받아들였다. 그동안 내 판단으로 살아왔지만 결국, 깊은 좌절감만 느꼈기에 나 자신이 생각한 것과 다르게, 그동안 거부했던 글쓰기를 한번 해보자는 생각을 하게 된듯하다. 이때는 그랬다. 다양한 방법과 가능성을 열어두었다. 무의식적으로 살기 위해 했던 그 생각은 맞아떨어졌다. 글쓰기, 책 쓰기가 내가 지금 살아가는 최고의 동력이자 삶의 의욕이 되고 있다. 책 쓰기가 재미있다. 가르치는 것도 신난다. 이 좋은 것을 왜 어릴 때부터 배울 수 없었는지 아쉽고 안타까울 뿐이다.

인생 첫 책을 출간한 2018년, 나는 새로운 도전을 시작했다. 필리핀 세부살이다. '운명은 우연히 다가오는가?' 나는 우연히 알게 된 동네 엄마와 함께 필리핀 세부로 견학 갔었다. 그 엄마가 아이들을 데리고 필리핀 세부살이를 계획 중에 있었다. 야무진 건축 기술은 아니지만 더운 나라에서는 유용한 구멍 숭숭 이층집과 바로 옆 사립학교를 방문했다. 그 야말로 아이 둘과 나는 여행 기분으로 그곳을 돌아봤다. 하지만, 다녀온 후 '시간이 더 지나면, 아이들을 필리핀에 데리고 갈 수 없을지 모른다. 아이들은 자기주장이 나타나기 시작하면 엄마 뜻대로 잘 움직이지 않는다. 나이 많은 엄마와 아이들. 좋은 추억만들기는 지금이 적기이다.' 라는 마음속 울림에 의해 세부 살이를 도전하기로 했다. 결단을 내리면 새로운 에너지가 용솟음친다. 결정전에는 할까 말까 하는 마음이기에 에너지가 분산되지만, 결단을 내리는 순간 에너지가 한곳으로 모이기 때문에 문제해결력이 높아진다. 이것이 결단의 힘이다. 그래서 무엇을 하든 간에 결단을 내리고 시작하게 되는 것이다. 망설이는 마음을 유지할 필요가 없다. 망설이지 않는다면 더 많은 잠재력을 발휘할 수 있는 것이다. 그래서 결국은 세부 살이도 에너지를 모아 집중한 결과 자연스럽게 결단 후 1달 만에 필리핀 세부행 비행기를 탈 수 있었다.

글을 쓰는 사람은 도전에 강해진다. 나는 내 인생에서 가장 잘한 일 2가지를 뽑으라면 출간과 필리핀 세부살이라고 말한다. 책 쓰기는 평생 성장시스템을 갖추는 계기가 되었고 필리핀 세부살이는 완벽히 홀로서기를 경험해보고 그 능력을 갖춘 시간이 되었다고 생각하기 때문이다. 정말 무모한 도전이었다. 글쓰기는 전혀 해보지 않던 사람이 책 쓰기를 도전했고, 영어 회화가 안되는 사람이 아이 둘을 데리고 이국땅을 밟았다. 지금, 생각하면 그 당시의 나 자신이 대단했다고 생각한다. 어떻게 그런 결정을 내릴 수 있었을까? 놀라울 따름이다. 아마도 이런 모든 것이 상황이 맞아떨어졌겠지만 중요한 것은 내가 글쓰기를 했기 때문이 아닐까 싶다. 필리핀 세부에 갈 당시에는 확실히 글쓰기에 대한 갈망이 강한 때였다. 필리핀 세부 살이를 꿈꾸면서 나는 상상했었다. 아이들은 옆 사립학교에서 공부하고 나는 빌리지 1층 거실에서 아이들이 올 때까지 열심히 1꼭지 글을 쓰는 모습을 매일 상상했다. 그 상상이 너무나 생생해서 꼭 나의 현실인 듯 착각이 들 정도로. 그런 모든 과정이 너무나 자연스럽게 상상한 대로 현실이 되었다. 처음부터 생생한 상상이었기에 필리핀에 도착해서 아이들은 사립학교에 등교하고 나는 거실에서 책을 쓰는 모습이 나의 일상이 되었을 때도 덤덤했다. 내가 어떻게 여기에 있지? 한 번쯤 놀랄 수도 있지만, 이미 한국에서부터 그 모습이 내 모습인 듯 생각했기에 전혀 놀랄 일이 아니었다. 모든 것이 글을 쓰면서 일어난 내면의 변화였다. 도전이 일상처럼 느껴지는 변화들은 글을 쓰면서 일어난다고 생각한다.

도전을 통해서 역시 사람은 성장하고 발전한다. 삶은 놀라울 정도로 변화한다. 도전을 통해서 성공의 반열에 올라설 수도 있다. 아무것도 하지 않으면 아무 일도 일어나지 않는다고 했다. 도전해야 변화도 일어나고 그 변화가 바라는 삶이고 성공의 삶이 될 수가 있는 것이다. 글을 쓰게 되면 도전의 힘이 강해진다. 쓰기 위해서도 도전을 한다. 몰려오는 시련에 대한 의미도 달라지지만, 스스로 글감을 찾아가는 도전을 추구하게 된다. 글을 쓰기 전, 나는 어떤 운이 찾아와도 일단, 피하려 했다. 지나고 나니, 그것이 행운이었는데 도전이 싫어서 무조건 회피의 자세가 기본 모드였다. 이런 상황이 반복되다 보니, 나의 삶에는 좋은 것들이 들어올 기회가 없었다. 다행스럽게도 글 쓰는 삶을 살면서 운명은 매일매일 변화하고 그 변화 속에서 행운도 함께 들어왔다. 사고는 항상 열려있고 어떤 상황에서도 도전하는 마음으로 받아들이며 내 것으로 흡수한다. 도전은 밑져야 본전이 아니라 무조건 남는 장사다. 이제, 도전이 두렵지 않다. 글 쓰면서 도전을 일상 삼아 세상의 운에 가까이 가는 삶을 살기를 기원한다.

글쓰기의 최고 연습 플랫폼은 인스타그램

나는 기계를 다루는데 약하다. 블로그니, 인스타그램이니, SNS의 다른 프로그램 사용도 마찬가지. 이것들에 대한 거부감이 있었다. 내 나이쯤 되는 대부분 사람은 아마도 나와 비슷하지 않을까 싶다. 하지만, 지금은 인스타그램에 매일 글을 올린다. 하루도 빠지지 않고 나는 글을 쓴다. 아니, 가급적 데일리 글쓰기를 실천 중이라고 말할 수 있다. 아침마다 읽는 의식 책에 대한 나의 감상 글을 인스타그램에 간단히 적는다. 1문단의 길이도 아니고 그렇다고 아주 짧은 길이도 아니면서 딱 글쓰기 감을 유지할 정도의 길이로 매일 쓰고 있다. 책을 여러 권 낸 작가이지만 글은 매일 써야 한다. 쓰지 않은 만큼 글 쓰는 감각을 빠른 속도로 잃어버리는 것을 알기때문이다. 나는 평상시에도 강조한다. 매일 1꼭지 글을 쓰려고 노력하는 이유는 하루만 쓰지 않아도 다음날 1꼭지 쓰기가 힘들다고. 그나마 1꼭지 글을 못 쓰는 날에는 인스타그램에 감상 글을 쓰기 때문에 나는 쓰는 감각을 계속 유지한다. 여러 권의 책을 쓴 사람에게 인스타그램은 유용한 쓰기 연습의 플랫폼이 된다. 이제 막 글쓰기를 시작한 사람에게도 기가 막힌 글쓰기 연습 플랫폼이 된다고 강조하고 싶다.

〈책성원〉 커뮤니티에서는 인스타그램에 감상 글을 올리고 그것을 단톡방에서 공유한다. 〈책성원〉은 《엄마의 책쓰기》 출간 기념으로 오픈하게 된 온라인 모임이다. 처음에는 그저, 책 쓰기에 대한 나의 경험과 노하우를 공유하기 위해 오픈했다. 시작하니, 구체적인 목표가 생겼고 지금은 공저 쓰기 프로젝트를 추진 중이다. 내가 참석하는 독서 모임에서 회원들과 이미 공저 쓰기를 리더하고 있는 중이어서 〈책성원〉 공저 쓰기는 자연스러운 과정이 되었다. 독서 모임에서 1년 반 이상의 시간이 걸려 결국 공저를 출간했다. 1년 반의 긴 시간을 투자해서 공저가 완성되었다는 것이 놀랍다. 《내가 책을 가까이 하는 이유》라는 제목으로 공저가 출간된 후, 많은 사람의 사랑을 받고 열심히 팔려나가고 있다. 여러 명이 함께 쓴 공저이다 보니 '첫 책 효과'의 덕을 톡톡히 보고 있으며 내용 자체도 독서 습관을 만들고자 하는 사람들을 타깃으로 작가들의 다양한 독서 경험 이야기가 주가 되어 호감도도 높다. 〈책성원〉에 들어 온 예비작가들은 인스타그램을 가장 먼저 권유받는다. 이미 활동하는 사람들이 대부분이지만 간혹 1, 2명은 새롭게 인스타그램을 시작하게 된다. 인스타그램을 그동안 하지 않은 사람은 낯설어한다. 처음부터 잘하는 사람은 없다. 점점 적응하면서 인스타그램으로 매일 쓰는 생활을 하게 된다.

인스타그램을 글 쓰는 연습 플랫폼으로 강조하는 이유는 몇 가지가 있다. 인스타그램 프로그램의 특성은 사진을 쉽게 올릴 수 있다는 것이다. 그리고 사진에 대한 글을 간단히 쓸 수 있다. 글쓰기를 매일 연습하기에는 인스타그램의 이런 특성이 유용하다. 〈책성원〉에서 감상 글쓰기는 데일리 미션으로 실시하고 있는데, 방법은 필사하고 필사한 내용 중에서 마음에 와닿는 부분을 사진 찍어 올리고 그것에 대해서 자신의 생각, 느낌, 각오, 기타 내용을 적는 것이다. 필사와 감상 글쓰기를 세트로 함께 실시한다. 필사, 또한 글쓰기 연습에 없어서는 안 되는 부분이다. 남의 글을 베껴 쓰면서 감을 익혔다면 이제는 나의 목소리를 내는 내 글을 쓰는 과정이 바로 감상 글쓰기다. 1문장이라도 좋다. 처음에는 쉽게 시작해서 점점 문장을 수를 늘리는 것이다. 이것은 스스로, 여유를 가지고 문장을 늘린다고 생각하면 된다. 필사 사진 찍고, 때론 너무 글만 있는 것 같은 느낌이 든다면 내가 현재 있는 위치에서 주변 환경도 사진 찍어 함께 올려주는 것도 좋다. 인스타그램의 또 좋은 점은 여러 장의 사진을 올릴 수 있다는 것이다. 10장 정도까지 가능하다. 그렇게 여러 장의 사진을 올려두고 그것에 대해서 감상 글을 한편 적어주면 된다. 감상 글은 특별히 부담을 가질 필요가 없다. 감상 글인 만큼, 자신의 내면에서 나온 어떤 메시지도 가능하다. 이런 자유자재의 글을 짧지만 자주 쓰게 되면, 자신을 표현하는 것에 점점 익숙해져 부담 없이 글을 쓸 수 있다. 이것이 글 쓰는 비법 중 하나이다.

　처음, 내 글쓰기에 있어서 가장 힘든 부분은 내 생각을 잘 모른다는 것이다. 내 생각을 내가 알고 그것을 쓰는 것인데 처음부터 벽에 부딪힌다. 첫 책을 쓸 때, 나 역시 좌절감을 느꼈다. 글쓰기를 하고자 했지만 내가 어떤 생각을 하고 있는지 몰랐다. 내 생각을 적는 글쓰기를 도저히 할 수 없는 상황이었다. '그동안 너무나 주장 없이 고분고분 살아왔구나!' 하는 생각이 들었다. 내 생각이 없이, '예스 우먼'으로 시키는 것을 성실히 하는 착한 꼭두각시 같은 사람이었지 않았나? 반성했다. 그래서, 쓰기 위해서는 내 생각을 먼저 찾아야 했다. 남 생각도 중요하지만, 앞뒤 말이 되지 않을지라도 내 생각이 중요했다. 내 생각하기 위한 연습법으로 인스타그램에 짧게라도 내 글을 쓰는 것이다. 그 당시 나는 인스타그램을 잘 몰랐지만, 이것을 사용함으로써 생각하는 도구로 인스타그램만 한 것이 없다는 것을 깨닫게 되었다. 인스타그램에서는 사진 위주로 올리면서 1문장이라도 편하게 쓸 수 있기 때문이다.

　인스타그램에 글을 올리는 방법은 다음과 같다. 쉬운 방법을 찾다 보니, 나만의 비법을 만났다. 사실, 인스타그램의 고수가 보기에는 부족해 보일 수도 있지만, 이 방법이 초보자나, 어렵게 느끼는 사람들에게는 조금은 쉽게 인스타그램에 글을 쓰는 방법이지 않을까 생각한다. 순차적으로 올리는 과정을 하나하나 설명해보자면 다음과 같다.

첫째, 핸드폰 인스타그램 앱에 여러 장의 사진을 먼저 올린다.

사진은 핸드폰에서 올린다. 주로 핸드폰에서 사진 찍기가 편하기 때문이다. 사진은 주로 3장 정도 올린다. 감상할 문구의 사진 1장과 글 그램을 사용해서 만든 핵심 키워드 사진 1장, 그리고 현재 있는 나의 주변 사진 1장이다. 글 그램에는 핵심 문구와 내가 강조하고 싶은 문구를 임팩트있게 적을 수 있어서 좋다. 주변 사진은 글만 있으면 답답함을 느낄 수 있어 1장 정도 넣으면 된다. 글 그램 대신에 Canva에서 다양한 색상과 디자인으로 만들어 올릴 수 있으니 도전해보길 바란다.

둘째, 노트북에서 한글파일을 열고 쓰고자 하는 내용을 적는다.

감상 글은 노트북에서 편하게 쓴다. 두 손이 자유로워야지 두뇌 회전도 잘되고 생각도 자유로워진다. 두 손이 묶인 상태에서 달리기를 하지 못하듯, 글쓰기도 마찬가지이다. 노트북에서 인스타 앱 대신 한글파일을 열고 감상 글을 쓰는 이유는 앱보다는 이것이 부담이 덜하기 때문이다. 그리고 따로 인스타그램 글을 보관하기도 편하다. 인스타그램 글도 나중에 유용한 자료가 될 수 있다. 내가 쓴 모든 글은 따로 보관해두는 것을 권한다.

셋째, 감상 글을 복사해서 노트북 카톡에서 자신에게 '붙여넣기' 한다.

한글파일에서 적은 글은 핸드폰으로 다시 옮겨야 하는데, 이때 카톡

앱을 사용한다. 내 카톡에 감상 글을 올리면 쉽게 핸드폰에 글을 옮길 수 있다.

넷째, 핸드폰에서 카톡 감상 글을 복사하여 인스타그램 앱에 '붙여 넣기' 한다.

핸드폰 카톡에서 감상 글을 복사해서 인스타그램 앱으로 간다. 인스타그램에 올려진 사진 옆에 감상 글을 '붙여 넣기'하고 체크 클릭하면 인스타그램 등록 완료된다.

핸드폰에서 인스타그램 앱에 사진을 올리고 난 후 노트북에서 그 이후 과정을 하고 글을 올려도 되겠다. 사진 올리기는 핸드폰이 편하기에 핸드폰에서 먼저 올리고 나서 하면 좋을 것이다. 기계에 서툰 사람에게 조금이라도 도움이 되길 바라는 마음으로 자세히 적어보았는데, 이 자체가 또 다른 부담이 되지 않길 바란다. 처음에는 모든 것이 어렵게 느껴진다. 젊은 사람들이나 기계에 익숙한 사람에게 자유자재로 사용하는 인스타그램 앱이라도 그렇지 못한 사람에게는 또 다른 부담이고 스트레스일 수도 있다. 하지만 딱, 3일만 투자한다고 생각하고 시작해보자. 인스타그램이라는 든든한 글쓰기 친구 하나를 만들게 될 것이다.

글쓰기 최고의 연습 플랫폼은 인스타그램이 될 수 있다. SNS를 좋아하지 않는 사람도 있다. 하지만, 글을 쓰려면 이제는 시대의 도구들을 일상처럼 활용해야겠다. 만약, 원고지에 글을 쓰던 시대에 글을 쓰고 책을 썼다면 나는 진작, 작가의 생활을 포기했을지 모른다. 아마도 작가가 되기도 힘들었을 것이다. 자판 치는 것, 간단한 프로그램으로 연습해서 자판 치면서 내 생각을 따라 글을 쓰니, 정말 쉽다. 쉬워서 자꾸 쓰고 싶다. 어려운 도구로 매일 한다는 것은 많은 인내가 요구되는데, 그것에 특별히 호감을 느끼지 않고는 그 인내심을 유지하기 쉽지 않다. 지금은 글쓰기, 책 쓰기에 정말 좋은 시대이다. 책을 쓰고자 하는 사람이라면 얼마든지 프로그램을 찾아서 연습할 수 있다. 책 쓰기에 가장 기본인 자신의 내면을 표현하는 연습은 바로 인스타그램의 활용이 최고이지 않나 감히 말하고 싶다. 사진 한 장 올리고 감상 글을 써도 되고, 그냥 처음에는 사진만 올리든지, 한 문장만 써도 된다. 사진을 올릴 때, 자신의 내면에 뭔가를 느꼈기 때문에 그 사진을 올렸을 것이다. 그래서 공유하는 것이다. 사진 올리고 난 뒤에는 내 마음에 일어난 뭔가를 쓰는 날도 생기고, 점점 길게 쓰게 된다. 이렇게 내 마음을 내 눈으로도 확인하게 된다. 그리고 다른 사람의 눈에도 보이게 된다. 모든 나의 일상이 글의 재료가 될 수 있음을 인스타그램을 할수록 인지하게 된다. 이런 변화가 바로 글을 쓰는 사람, 책 쓰는 사람의 관점이다. 사용하지 않을 때는 별 의미 없이 느껴졌든 인스타그램 프로그램이 나의 관점을 바꾸게 하고 글을 쓰게 만든다. 참 신기하지만 그렇다. 이제, 인스타그램으로 사진 한 장, 내 마음 한 스푼 퍼다 올려보도록 하자.

매일, 한 문장이라도 쓰면 된다

내가 직장을 다니면서 책을 쓸 수 있는 비법은 새벽 시간 활용에 있다. 직장인에게 하루는 빡빡하고 여유로운 시간이 거의 없다. 그래서 글을 쓸 수 있는 시간으로 새벽 시간이 가장 좋다. 직장인이 새벽 시간에 글을 쓰지 못하면 그날은 1꼭지 글쓰기는 실패했다고 생각하면 된다. 나는 가장 두뇌 회전이 빠른 새벽 시간을 글쓰기에 최적의 시간으로 정했다. 1꼭지 글을 쓰기 위해 나는 최소 6시에는 일어나려 한다. 6시에 기상해서 간단히 엄마의 역할을 먼저 한다. 어젯밤 설거지해서 건조대에 올려두었던 그릇을 찬장에 넣고 압력밥솥에 밥이 있는지 확인한 후 부족하다면 쌀을 씻어 밥부터 한다. 또한 눈에 들어온 거실 바닥에 뒹구는 지저분한 물건들을 손으로 정리하고 간단히, 청소하고 나면 한 20분

~30분 정도 흐른다. 그리곤 믹스커피 한잔을 타서 식탁에 놓고 의자에 앉는다. 그때부터 나의 시간이 시작되는 것이다. 간단히 책부터 읽고 감상 글을 쓰고 난 뒤 바로 1꼭지 글쓰기로 들어간다. 이 일도 다른 급한 일이 있으면 글을 못 쓸 수도 있지만 가급적 매일 1꼭지 글을 쓰려고 노력한다. 어느 날은 A4 2장을 다 쓰고 만족스러운 행복감에 젖어 들기도 하고 어떤 날은 마무리를 못 하는 때도 있다. 1꼭지 쓰기 실패하더라도 괜찮다. 글쓰기로 하루를 시작한 것에 만족한다. 서론까지만 쓸 때도, 본론까지만 쓸 때도 있지만 매일 조금이라도 글쓰기를 했다는데 나는 그만큼 뿌듯함을 느낀다. 쓴 만큼 나는 쓰는 감을 유지하고 그만큼 여러 모로 성장했기 때문이다. 비록 한 문장 쓰기에도 성장은 반드시 있다.

돈을 생각하지 않으면 책을 쓸 수 있다. 돈을 포기한다면 책 쓰기를 위한 글쓰기에 매진할 수 있다. 사실, 책을 써서 인세로 돈 버는 사람은 많지 않으니, 그것은 포기하고 다른 것을 목표로 하면 된다. 다른 것은 성장이고 만족감, 행복감이다. 사실 돈보다 더 소중한 것들이다. 성장, 행복감, 만족감, 이 3가지를 책 쓰기, 글쓰기를 하면 얻을 수 있다. 나는 그것을 위해 지금도 새벽에 일어나서 1꼭지 글을 쓴다.

글을 쓰고 나서 나는 대학원 공부했던 것을 아까워했다. 후회까지는 아니지만 '대학원 공부 대신에 책을 썼다면 얼마나 좋았을까?' 하는 마음을 자주 갖는다. 직장 다니면서 성장의 욕구를 채우기 위해 대학원을 등록했다. 2년 반 동안 야간대학원을 다니면서 나름, 열심히 공부했다. 하지만 대학원 공부는 내 삶을 바꾸었다거나 큰 도움이 되지는 못했다. '차라리 책 쓰기를 배워 책을 썼다면 지금 나는 어떻게 변해있을까?' 가끔 생각해본다. 그 당시에 책은 아무나 쓰는 것이 아니라고 생각했다. 글쓰기를 일상처럼 편하게 생각하는 사람의 전유물쯤 생각했다. 내가 글을 쓴다면 세상이 웃을 것 같다고 생각하기도 했다. 스스로 글쓰기에 대한 한계를 명확히 알고 있어서 감히 '나도 책이라도 한번 써볼까?'라는 생각 자체를 하지 못했다. 그랬었는데, 지금 나는 매일 책을 쓰고 있다. 1꼭지, 1꼭지, 꼭지 글을 써가면서 매일 나는 성장하고 있다.

글을 쓸 때마다 과거로 돌아가서 새로운 의미를 창조한다. 글을 쓰기 전에는 앞만 보고 달렸다. 뒤를 돌아볼 이유도 없었고 여유도 특별히 없었기 때문이다. 하지만 글쓰기는 무조건 과거로 돌아가야만 쓸 수 있다. 그래서 글을 쓸 때마다 과거로 돌아가서 살아온 시간을 새롭게 재조명해본다. 1꼭지 글쓰기는 사례와 메시지의 조합이다. 사례를 찾으면 그 사례에 대한 메시지를 써서 사례 문단과 사례의미인 메시지 문단을 한 세트로 쓰면 된다. 이 세트가 3개 이상 되면 1꼭지를 채울 수 있고 1권의 가장 기초인 1꼭지 글을 완성한다. 1꼭지인 A4 2장의 글을 다 채우는 동안 과거의 삶을 반복해서 회상한다. 후회스러운 과거의 한 지점을 찾아 현재 관점으로 찬찬히 다시 되새겨보며 새로운 긍정적인 의미를 찾는다. 이것 자체가 나에겐 큰 수확이다. 해결되지 않은 문제들이 글을 쓰면서 꼬인 실타래가 풀리듯 풀려나간다. 그래서 글쓰기는 치유의 과정이라고도 했다. 이런 과정을 통해 감추고 싶은 과거는 있을 수 없음을 새삼 깨닫고 모든 내 삶이 소중하다는 것을 느낀다. 이것이 바로, 글쓰기를 하지 않았다면 알 수 없는 특별한 경험들이다.

글을 처음 쓸 때 쓰는 방법이 있다. 비법이라면 비법이라고 할 수 있다. 글을 쓰고 싶은 사람이 인지해야 할 가장 중요한 부분이다. 처음 글을 쓸 때, 내 글부터 쓰면 안 된다. 남의 글부터 베껴 써야 한다. 모든 위대한 창조는 모방에서부터 시작한다고 했다. 글쓰기도 마찬가지이다. 위대한 글이 아닐지라도 글쓰기의 시작은 남의 글 필사에서부터 시작이다. 이 사실을 모르는 사람은 글도 말하는 것처럼 쓸 수 있다고 여기고 자신의 메시지를 바로 쓰려 한다. 말하듯이 쓸 수 있을 것 같지만 막상 쓰려고 하면 말과 달리 잘 안 써짐을 매번 느끼고 좌절한다. 사실, 지금 우리가 말을 쉽게 하지만 말을 처음 배우는 어린아이는 엄마, 아빠로부터 수도 없는 말들을 듣고 따라 반복함으로 인해 배웠다. 그 점을 인지해야 한다. 글도 마찬가지로 엄마, 아빠가 아닌 책을 낸 기성작가의 책을 따라 쓰고 배우는 것이다. 이 과정을 생략하고 바로 글을 쓰려고 하니 글쓰기 자체가 피하고 싶은 대상이 되는 것이다. 지금부터라도 늦지 않았다. 무조건, 글쓰기는 베껴 쓰기, 즉, '필사부터 시작'이란 사실을 잊지 말고 쉬운 책 하나 정해서 한 문장, 한 문단부터 타자로 시작해보아야겠다.

　필사 다음으로 중요한 것이 한 문장이라도 매일 쓰는 것이다. 〈책성원〉 커뮤니티에서는 미션으로 필사와 감상 글쓰기가 있다. 예비작가들이 어려워하는 것이 감상 글쓰기이다. A4 2장 필사는 30분 내로 끝내는 사람이 많은데, 감상 글은 3줄 쓰는데도 1시간이 걸린다는 예비작가가 있다. 그렇다고 하더라도 나는 1문장이라도 좋으니, 반드시 감상 글을 쓰라고 강조한다. 감상 글쓰기는 자신의 내면을 글로 옮기는 연습이기 때문에 글을 쓰는 사람에게는 반드시 통과 의례로 거쳐야 할 과정이다. 이것을 통과하기 위해서는 괴롭고 서툴더라도 매일 쓰는 것이 중요하다. 1문장 쓰기도 어려워하는 경우가 있다. 쓰는 것이 너무나 어색하고 어렵다. 그런데도 계속하기를 나는 강조한다. 1문장이라도 매일 쓰다 보면 내 마음을 글로 표현하는 그 자체가 차츰 자연스러워진다. 1문장이 2문장으로 늘어나는 것은 너무나 당연하게 된다. 그렇게 3문장으로 서론-본론-결론의 흐름을 갖춰서 쓰기를 시도하면 된다. 그리고는 사례 문단과 메시지 문단으로 생각하면서 세트로 감상 글을 쓰는 연습을 하기를 권한다. 아마도 글의 분량은 점점 늘어나게 될 것이다. 매일 쓰는 힘이다. 글의 길이에는 개의치 말고 매일 쓰는 것에 집중한다면 쓰는 것이 말하는 것처럼 자연스럽게 느껴질 날이 다가온다.

　글쓰기는 우리에게 긍정적인 변화와 성장을 보장한다. 글을 쓴 이후에 왜 이 좋은 것을 좀 더 일찍 하지 않았을까 안타까운 마음이 들것이다. 진작, 글쓰기를 배우고 익혔다면 내 삶이 지금보다는 더 만족스럽지 않았을까 생각한다. 나도 이런 생각을 여러 번 했다. '대학 졸업 이후라도 글쓰기, 1꼭지 글쓰기를 알았다면 얼마나 좋았을까?'라고 여러 번 생각해보았다. 아마도 그만큼 글쓰기가 나를 변화시켰기 때문일 것이다. 직장인들이 퇴근 후에 열중하는 자기 계발법으로도 글쓰기가 최고이다. 지금이라도 글쓰기의 가치를 깊이 인지했다면 다행이라고 생각한다. 무작정 하루 1문장이라도 매일 쓰기를 강조한다. 매일의 힘이 1문장 쓰기와 시너지 효과를 발휘하여 나 자신도 모르게 글쓰기가 또 다른 나의 무기가 될 것이다. 남의 글부터 베껴 쓰면서 글쓰기를 몸에 익히자. 내 글쓰기는 남의 글쓰기부터란 점, 마음에 담고 필사 직후, 내 글 1문장씩이라도 매일 쓰기를 권한다. 내 글 1문장 쓰기가 책 1권 쓰기를 가능하게 할 것이다.